738

Prix 2. 50

FABLES
DE BABRIUS

TRADUITES EN FRANÇAIS

PAR M. SOMMER

AGRÉGÉ DES CLASSES SUPÉRIEURES, DOCTEUR ÈS LETTRES

AVEC

LE TEXTE GREC EN REGARD REVU

PAR M. THÉOBALD FIX

PARIS

LIBRAIRIE DE L. HACHETTE ET Cie

RUE PIERRE-SARRAZIN, N° 12

1848

FABLES

DE BABRIUS

DE L'IMPRIMERIE DE CRAPELET
RUE DE VAUGIRARD, 9

FABLES
DE BABRIUS

TRADUITES EN FRANÇAIS

PAR M. SOMMER

AGRÉGÉ DES CLASSES SUPÉRIEURES, DOCTEUR ÈS LETTRES

AVEC

LE TEXTE GREC EN REGARD, REVU

PAR M. THÉOBALD FIX

PARIS

LIBRAIRIE DE L. HACHETTE ET Cie

RUE PIERRE-SARRAZIN, N° 12

1848

AVANT-PROPOS.

Les poésies de Babrius ne nous étaient connues que par un petit nombre de fragments, quand M. Mynas, savant grec, envoyé en mission par M. le ministre de l'Instruction publique, découvrit, en 1843, dans un des couvents du mont Athos, la plus grande partie d'un recueil de fables mises en vers choliambiques par Babrius[1]. Le manuscrit qui les renferme, malheureusement mutilé dans sa dernière partie, présente une série de cent vingt-trois fables, rangées par ordre alphabétique et s'arrêtant à la lettre O. Il est divisé en deux parties, dont l'une contient cent sept fables; l'autre commençant à la lettre M, devait en contenir un peu moins; il n'en reste plus que seize, les derniers feuillets du manuscrit ayant été arrachés ou détruits. Le recueil complet, d'après un calcul approximatif, pouvait renfermer de deux cents à deux cent dix fables.

Chacune des deux parties est précédée d'une espèce de préface ou de dédicace à l'adresse d'un certain Branchus, que le poëte appelle familièrement tantôt ὦ Βράγχε τέκνον, ou παῖ, tantôt simplement

[1] Le titre du manuscrit porte : Βαλεβρίου Μυθίαμβοι κατὰ στοιχεῖον. Στίχοι χωλιαμβικοί. Un autre manuscrit de la bibliothèque bodleienne, d'où Tyrwhitt avait tiré quelques fables de Babrius, présente le nom de Βαλερίου, avec la correction Βαβρίου. Tzetzès appelle l'auteur Βαβρίας. Mais le véritable nom paraît avoir été Βάβριος, c'est celui qu'on retrouve plusieurs fois dans des inscriptions latines, et c'est sous ce nom que notre poëte est cité par Avien. Suidas, au mot Babrius, rappelle les deux formes Βαβρίας ἢ Βάβριος. Mais ailleurs il adopte de préférence cette dernière forme.

Βράγχε. Le début du second *Proœmium* nous apprend que ce Branchus était fils d'un roi Alexandre. C'est pour l'usage de ce jeune prince, probablement son élève, que l'auteur dit avoir composé ce recueil comme un *livre d'études*, propre à lui faire connaître, sous une forme agréable et facile, les contes du vieil Ésope[1].

Le siècle dans lequel vécut Babrius nous était inconnu; et sur ce point la découverte de M. Mynas ne nous apporte rien de décisif. Toutefois on vient d'émettre une opinion qui, à plusieurs égards, offre une grande apparence de vérité. Selon M. Ch. Lachmann, ce roi Alexandre, dont il est question, ne serait pas l'empereur Alexandre Sévère, comme l'avait d'abord pensé un savant critique, puisque à peu près à l'époque de la naissance de ce prince le grammairien Dosithée faisait déjà usage des fables de Babrius; mais ce serait plutôt un arrière-petit-fils d'Hérode le Grand, du nom d'Alexandre, établi par Vespasien, au témoignage de Josèphe (*Antiq. Jud.* XVIII, v, p. 886), roi d'une partie de la Cilicie. Cette conjecture est d'autant plus plausible que nous retrouvons dans la facture des vers de Babrius à peu près les mêmes licences que se sont permises vers le même temps les choliambographes des Romains, Martial, Perse et Pétrone.

Le style de notre poëte porte en plusieurs endroits des traces évidentes d'une époque de décadence; on y rencontre certaines formes appartenant au dialecte alexandrin; cette circonstance, jointe à ce que l'auteur nous raconte lui-même (fab. 56), qu'il avait été victime de la perfidie des Arabes, nous autorise à supposer que sa patrie était l'Orient, peut-être la Syrie, pour laquelle il revendique, au commencement du deuxième *Proœmium*, l'honneur de l'invention de la fable. Ce qui n'est pas douteux, c'est qu'il était Grec de naissance, et non pas Romain ainsi qu'on l'avait longtemps supposé.

Du reste, ces poésies justifient pleinement la réputation d'élégante concision, de naïveté et de grâce que ses fragments avaient déjà

[1] Voyez la fin du premier *Proœmium*.

méritée à Babrius. Son vers, qui est d'une correction, on dirait presque trop scrupuleuse, présente cette particularité curieuse, que l'accent porte presque toujours sur l'avant-dernière syllabe, ainsi que cela a lieu dans l'iambe politique. Ce fait seul suffirait pour réfuter l'opinion de ceux qui voudraient faire vivre ce fabuliste à une époque antérieure à notre ère.

TH. F.

Septembre 1845.

ΒΑΒΡΙΟΥ

ΜΥΘΙΑΜΒΟΙ.

ΠΡΟΟΙΜΙΟΝ.

Γενεὴ[1] δικαίων ἦν τὸ πρῶτον ἀνθρώπων,
ὦ Βράγχε τέκνον[2], ἣν καλοῦσι χρυσείην
. . . .
Τρίτη δ' ἀπ' αὐτῶν ἐγεγένητο[3] χαλκείη,
μεθ' ἣν γενέσθαι φασὶ θείην ἡρώων.
Πέμπτη, σιδηρῆ ῥίζα καὶ γένος χεῖρον.
Ἐπὶ τῆς δὲ χρυσῆς καὶ[4] τὰ λοιπὰ τῶν ζῴων
φωνὴν ἔναρθρον εἶχε καὶ λόγους ᾔδει·
ἀγοραὶ δὲ τούτων ἦσαν ἐν μέσαις ὕλαις.
Ἐλάλει δὲ πέτρα καὶ τὰ φύλλα τῆς πεύκης,
ἐλάλει δὲ πόντος[5], Βράγχε, νηῒ καὶ ναύτῃ,
στρουθοὶ δὲ συνετὰ πρὸς γεωργὸν ὡμίλουν[6]·
ἐφύετ' ἐκ γῆς πάντα μηδὲν αἰτούσης·
θνητῶν δ' ὑπῆρχε καὶ θεῶν ἑταιρείη.
Μάθοις δ' ἂν οὕτω ταῦτ' ἔχοντα καὶ γνοίης
ἐκ τοῦ σοφοῦ γέροντος ἡμῶν Αἰσώπου
μύθους φράσαντος τῆς ἐλευθέρης[7] μούσης.
Ὧν νῦν ἕκαστον ἵνα τιθῆς ἐνὶ μνήμῃ,
μελισταγές σοι τοῦτο κηρίον[8] θήσω,
πικρῶν ἰάμβων σκληρὰ κῶλα θηλύνας.

Α'. ΤΟΞΟΤΗΣ ΚΑΙ ΛΕΩΝ.

Ἄνθρωπος ἦλθεν εἰς ὄρος κυνηγήσων,
τόξου βολῆς ἔμπειρος· ἦν δὲ τῶν ζῴων

FABLES
DE BABRIUS.

PROLOGUE.

La première génération, ô Branchus mon fils, fut celle des justes; on l'appelle l'âge d'or..... Un troisième âge succéda aux deux premiers, l'âge d'airain, que suivit la divine génération des héros; enfin parut l'âge de fer, le cinquième et le pire de tous. Pendant l'âge d'or, les animaux avaient, ainsi que l'homme, une voix articulée, et connaissaient l'usage de la parole; leurs assemblées se tenaient au milieu des bois. La pierre et le feuillage du pin avaient un langage; la mer aussi, Branchus, parlait aux navires et aux matelots; les moineaux savaient se faire comprendre du laboureur; la terre donnait tout à l'homme sans exiger rien; les mortels vivaient avec les dieux dans une douce familiarité. Tu verras qu'il en était ainsi, si tu lis les fables que contait dans sa prose notre vieil et sage Ésope; je veux que tu puisses les retenir toutes, et par mes soins le dur ïambe, perdant son amertume, aura pour toi la douceur du miel.

---

1. L'ARCHER ET LE LION.

Un homme alla chasser sur une montagne; c'était un habile archer. A son approche, tous les animaux, remplis de terreur, se hâtaient de

φυγή τε πάντων καὶ φόβου δρόμος πλήρης.
Λέων δὲ τοῦτον προὐκαλεῖτο θαρσήσας
αὐτῷ μάχεσθαι. « Μεῖνον, » εἶπε, « μὴ σπεύσῃς[1], »
ἄνθρωπος αὐτῷ, « μηδ' ἐπελπίσῃς νίκῃ·
τῷ δ' ἀγγέλῳ μου πρῶτον ἐντυχών, γνώσῃ
τί σοι ποιητόν ἐστιν. » Εἶτα τοξεύει,
μικρὸν διαστάς. Χὼ μὲν οἰστὸς ἐκρύφθη
λέοντος ὑγραῖς[2] χολάσιν· ὁ δὲ λέων δείσας
ὥρμησε φεύγειν εἰς νάπας ἐρημαίας.
Τούτου δ' ἀλώπηξ οὐκ ἄπωθεν εἱστήκει.
Ταύτης δὲ θαρσεῖν καὶ μένειν κελευούσης,
« Οὔ με πλανήσεις, » φησίν, « οὐδ' ἐνεδρεύσεις·
ὅπου[3] γὰρ οὕτω πικρὸν ἄγγελον πέμπει,
πῶς αὐτὸς ἤδη φοβερός ἐστι γινώσκω. »

Β'. ΓΕΩΡΓΟΣ ΔΙΚΕΛΛΑΝ ΑΠΟΛΕΣΑΣ.

Ἀνὴρ γεωργὸς ἀμπελῶνα ταφρεύων,
καὶ τὴν δίκελλαν ἀπολέσας, ἀνεζήτει
μὴ τῶν παρόντων τήνδ' ἔκλεψεν ἀγροῖκος.
Ἠρνεῖθ' ἕκαστος. Οὐκ ἔχων δ' ὃ ποιήσει,
εἰς τὴν πόλιν κατῆγε πάντας ὁρκώσων·
τῶν γὰρ θεῶν δοκοῦσι τοὺς μὲν εὐήθεις
ἀγροὺς κατοικεῖν, τοὺς δ' ἐσωτέρω τείχους
εἶναί τ' ἀληθεῖς[1] καὶ τὰ πάντ' ἐποπτεύειν.
Ὡς δ', εἰσιόντες τὰς πύλας, ἐπὶ κρήνης
τοὺς πόδας ἔνιζον, κἀπέθεντο τὰς πήρας,
κῆρυξ ἐφώνει χιλίας[2] ἀριθμήσειν
μήνυτρα σύλων, ὧν ὁ θεὸς ἐσυλήθη.
Ὁ δὲ τοῦτ' ἀκούσας, εἶπεν· « Ὡς μάτην ἥκω·
κλέπτας γὰρ ἄλλους πῶς θεός γ' ἂν εἰδείη,
ὃς τοὺς ἑαυτοῦ φῶρας οὐχὶ γινώσκει,
ζητεῖ δὲ μισθοῦ μή τις οἶδεν ἀνθρώπων; »

---

prendre la fuite. Le lion seul, confiant dans sa force, osa le défier au combat. « Attends, lui dit l'homme, ne te presse point, et ne compte pas trop sur la victoire ; reçois d'abord mon messager, tu sauras ensuite ce que tu auras à faire. » Puis, se plaçant à distance, il décoche un trait qui va s'enfoncer dans le flanc de l'animal. Le lion épouvanté court se réfugier dans la solitude des forêts. Près de lui était un renard, qui l'engageait à reprendre courage et à tenir ferme. « Non, lui dit le lion, tu ne me prendras pas au piége ; car si le messager qu'il envoie est si terrible, combien ne doit-il pas être lui-même à redouter ? »

---

2. LE LABOUREUR QUI A PERDU SON HOYAU.

Un laboureur qui bêchait sa vigne avait perdu son hoyau ; il demanda aux villageois qui étaient près de lui si personne ne l'avait pris. Chacun s'en défendait. Notre homme, bien empêché, les conduisit tous à la ville pour leur faire prêter serment ; car on croit qu'aux champs habitent les divinités sans malice, et dans les villes, au contraire, les vrais dieux, ceux qui savent et qui voient tout. Arrivés à la ville, ils se lavaient les pieds à une fontaine et déposaient leur besace, lorsqu'un crieur public annonça une récompense de mille drachmes pour celui qui découvrirait l'auteur d'un vol fait au dieu. Le laboureur l'entendit : « Que suis-je donc venu faire ici ? s'écria-t-il ; et comment le dieu pourra-t-il connaître les voleurs d'autrui, s'il ne connaît pas même les siens, et s'il cherche à prix d'argent un homme qui les lui révèle ? »

Γ'. ΑΙΠΟΛΟΣ ΚΑΙ ΑΙΞ.

Αἶγάς ποτ' εἰς ἔπαυλιν αἰπόλος χρῄζων
ἐπανακαλεῖν, ὡς αἱ μὲν ἦλθον, αἱ δ' οὔπω,
μιῆς ἀπειθοῦς ἐν φάραγγι τρωγούσης
κόμην γλυκεῖαν αἰγίλου τε καὶ σχίνου,
τὸ κέρας κατῆξε μακρόθεν λίθῳ πλήξας.
Τὴν δ' ἱκέτευε· « Μή, χίμαιρα συνδούλη,
πρὸς τοῦ σε[1] Πανός, ὃς νάπας ἐποπτεύει,
τῷ δεσπότῃ, χίμαιρα, μή με μηνύσῃς·
ἄκων γὰρ ἠὐστόχησα, τὸν λίθον ῥίψας. »
Ἡ δ' εἶπε· « Καὶ πῶς ἔργον ἐκφανὲς κρύψω;
τὸ κέρας κέκραγε, κἂν ἐγὼ σιωπήσω. »

Δ'. ΑΛΙΕΥΣ ΚΑΙ ΙΧΘΥΣ.

Ἁλιεὺς σαγήνην, ἣν νεωστὶ βεβλήκει,
ἀνείλετ'· ὄψου δ' ἔτυχε[1] ποικίλου πλήρης.
Τῶν δ' ἰχθύων ὁ λεπτὸς εἰς βυθὸν φεύγων,
ὑπεξέδυνε δικτύου πολυτρήτου·
ὁ μέγας δ' ἀγρευθεὶς εἰς τὸ πλοῖον ἡπλώθη.
Σωτηρία πώς ἐστι καὶ κακῶν ἔξω[2]
τὸ μικρὸν εἶναι· τὸν μέγαν δὲ τῇ δόξῃ
σπανίως ἴδοις ἂν ἐκφυγόντα κινδύνων.

Ε'. ΑΛΕΚΤΟΡΙΣΚΟΙ.

Ἀλεκτορίσκων ἦν μάχη Ταναγραίων[1],
οἷς θυμὸν εἶναί φασιν οἷον ἀνθρώποις.
Τούτων ὁ λειφθείς (τραυμάτων γὰρ ἦν πλήρης),
ἐκρύβετ' ἐς οἴκου γωνίην ὑπ' αἰσχύνης.
Ὁ δ' ἄλλος εὐθὺς εἰς τὸ δῶμα[2] πηδήσας,
ἐπικροτῶν τε τοῖς πτεροῖς ἐκεκράγει.

3. LE CHEVRIER ET LA CHÈVRE.

Un berger voulait ramener ses chèvres pour les renfermer au bercail; les unes venaient, les autres tardaient encore. L'une d'elles, qui ne se pressait pas d'obéir, broutait dans un ravin le feuillage de l'osier et du lentisque; il lui lança une pierre, et du coup lui brisa la corne; puis il se prit à la supplier : « Ma petite chevrette, ma compagne d'esclavage, au nom de Pan qui veille sur les bois, je t'en conjure, ma chevrette, ne me dénonce pas au maître; c'est bien malgré moi que j'ai touché si juste. — Et comment, dit la chèvre, comment cacher ce qui frappe les yeux? j'aurai beau me taire, ma corne parlera. »

---

4. LE PÊCHEUR ET LES POISSONS.

Un pêcheur jeta son filet et le retira rempli de poissons de toute sorte. Les petits passèrent à travers les mailles et rentrèrent sous l'eau; les gros furent pris et jetés dans la barque.

Être petit est une chance de salut, une garantie contre le malheur; on voit rarement celui que la renommée élève échapper au danger.

---

5. LES COQS.

Deux jeunes coqs de Tanagre s'étaient livré bataille; cette race, si l'on en croit la renommée, a le courage des hommes. Le vaincu, couvert de blessures, alla cacher sa honte dans un coin de la maison. L'autre vint se percher sur le toit, et là, battant de l'aile, il chantait sa victoire. Un aigle fond sur lui et l'emporte; son rival revient coqueter

Καὶ τὸν μὲν αἰετός τις ἐκ στέγους ἄρας,
ἀπῆλθ'· ὁ δ' ἄλλος ἀμφ' ἔβαινε θηλείαις,
ἀμείνονα σχὼν τἀπίχειρα τῆς ἥττης.
Ἄνθρωπε, καὶ σὺ μή ποτ' ἴσθι καυχήμων,
ἄλλου σε πλεῖον τῆς τύχης ἐπαιρούσης·
πολλοὺς ἔσωσε καὶ τὸ μὴ καλῶς πράττειν.

Ϛ'. ΑΛΙΕΥΣ ΚΑΙ ΙΧΘΥΔΙΟΝ.

Ἁλιεὺς θαλάσσης πᾶσαν ἠόνα ξύων,
μικρόν ποτ' ἰχθὺν ὁρμιῆς ἀφ' ἱππείης[1]
ἤγρευσεν ἐκ τῶν εἰς τάγηνον ὡραίων.
Ὁ δ' αὐτὸν οὕτως ἱκέτευεν ἀσπαίρων·
« Τί σοι τὸ κέρδος; ἢ πόσου με πωλήσεις;
οὐκ εἰμὶ γὰρ τέλειος· ἀλλά με πρώην
πρὸς τῇδε πέτρῃ φυκὶς ἔκυσεν ἡ μήτηρ.
Νῦν οὖν ἄφες με· μὴ μάτην ἀποκτείνῃς·
ἐπὴν δέ, πλησθεὶς φυκίων θαλασσείων,
μέγας γένωμαι, πλουσίοις πρέπων δείπνοις,
τότ' ἐνθάδ' ἐλθὼν ὕστερόν με συλλήψῃ. »
Τοιαῦτα μύζων[2] ἱκέτευε κἀσπαίρων.
Ἀλλ' οὐκ ἔμελλε τὸν γέροντα θωπεύσειν·
ἔφη δὲ πείρων αὐτὸν ὀξέϊ σχοίνῳ·
« Ὁ μὴ τὰ μικρά, πλὴν[3] βέβαια, τηρήσας,
μάταιός ἐστιν, ἂν ἄδηλα θηρεύῃ. »

Ζ'. ΙΠΠΟΣ ΚΑΙ ΟΝΟΣ.

Ἄνθρωπος ἵππον εἶχε. Τοῦτον εἰώθει
κενὸν παρέλκειν· ἐπετίθει δὲ τὸν φόρτον
ὄνῳ γέροντι. Πολλὰ τοιγαροῦν κάμνων,
ἐκεῖνος ἐλθὼν πρὸς τὸν ἵππον ὡμίλει·
« Ἄν μοι θελήσῃς συλλαβεῖν τι τοῦ φόρτου,

autour des poules : le vaincu est mieux partagé que le vainqueur.

Homme, garde-toi d'être insolent si la fortune t'élève ; nos revers font souvent notre salut.

---

6. LE PÊCHEUR ET LE PETIT POISSON.

Un pêcheur, qui parcourait le bord de la mer, prit un jour au bout de sa ligne un petit poisson bon à frire. Le pauvre carpillon frétillait et le suppliait : « Que feras-tu de moi ? combien me vendras-tu ? je suis si petit ! ma mère vient de me mettre au monde dans les algues de ce rocher. Laisse-moi aller aujourd'hui ; à quoi bon me tuer ? Plus tard, quand je me serai bien nourri d'algue marine, que je serai devenu grand et digne de la table d'un riche, reviens ici, tu me prendras. » Ainsi le carpeau priait, gémissait et sautillait. Mais il ne devait pas attendrir le vieillard, qui lui dit, en le perçant d'un jonc pointu : « Bien fou celui qui lâche le peu qu'il tient pour courir après un peut-être. »

---

7. LE CHEVAL ET L'ANE.

Un homme avait un cheval qu'il laissait aller sans fardeau, tandis que son vieil âne avait tout le faix. Le baudet, succombant de fatigue, s'approcha du cheval et lui dit : « Si tu voulais m'aider et prendre quelque peu de ma charge, je m'en tirerais peut-être ; sinon, je vais mou-

τάχ' ἂν γενοίμην σῷος· εἰ δὲ μή, θνήσκω.»
Ὁ δ' «Οὐ προάξεις;» εἶπε, «μηδ' ἐνοχλήσης[1].»
Εἶρπεν[2] σιωπῶν· τῷ κόπῳ δ' ἀπαυδήσας
πεσὼν ἔκειτο νεκρός, ὡς προειρήκει.
Τὸν ἵππον οὖν παρ' αὐτὸν εὐθέως στήσας
ὁ δεσπότης, καὶ πάντα τὸν γόμον λύων,
ἐπ' αὐτὸν ἐτίθει, τὴν σάγην τε τοῦ κτήνους,
καὶ τὴν ὀνείην[3] προσεπέθηκεν ἐκδείρας.
Ὁ δ' ἵππος, «Οἴμοι τῆς κακῆς,» ἔφη, «γνώμης·
οὗ γὰρ μετασχεῖν μικρὸν οὐκ ἐβουλήθην,
τοῦτ' αὐτό μοι πᾶν ἐπιτέθεικεν ἡ χρείη[4].»

Η'. ΑΡΑΨ ΚΑΙ ΚΑΜΗΛΟΣ.

Ἄραψ κάμηλον ἀχθίσας ἐπηρώτα,
πότερ' ἀναβαίνειν μᾶλλον, ἢ κάτω βαίνειν
αἱροῖτο. Χὠ κάμηλος, οὐκ ἄτερ μούσης[1],
εἶφ'· «Ἡ γὰρ ὀρθὴ τῶν ὁδῶν ἀπεκλείσθη;»

Θ'. ΑΛΙΕΥΣ ΑΥΛΩΝ.

Ἁλιεύς τις αὐλοὺς εἶχε, καὶ σοφῶς ηὔλει.
Καὶ δήποτ' ὄψον ἐλπίσας ἀμοχθήτως
πολὺ πρὸς αὐλῶν ἡδυφωνίην ἥξειν,
τὸ δίκτυον θεὶς[1] ἐτερέτιζεν εὐμούσως.
Ἐπεὶ δὲ φυσῶν ἔκαμε καὶ μάτην ηὔλει,
βαλὼν σαγήνην, ἔλαβεν ἰχθύας πλείστους.
Ἐπὶ γῆς δ' ἰδὼν σπαίροντας ἄλλον ἀλλοίως,
τοσαῦτ' ἐκερτόμησε, τὸν βόλον[2] πλύνων·
«Ἄναυλα νῦν ὀρχεῖσθε· κρεῖσσον ἦν ὑμᾶς
πάλαι χορεύειν, ἡνίκ' εἰς χοροὺς ηὔλουν.»
[Οὐκ ἔστιν ἀπόνως οὐδ' ἀλύοντα κερδαίνειν·
ὅταν βαλὼν[3] δὲ τοῦθ' ἕλῃς ὅπερ βούλει,
τοῦ κερτομεῖν σοι καιρός ἐστι καὶ παίζειν.]

---

rir. — Marche, répondit le cheval, et cesse de m'importuner. » L'âne marcha, sans plus souffler; mais bientôt, épuisé de lassitude, il tint parole et tomba mort. L'homme fit avancer le cheval près de son camarade, détacha toute la charge et la lui mit sur le dos, avec le bât et la peau de l'âne qu'il venait d'écorcher. « Hélas! dit le cheval, quelle sottise est la mienne! pour n'avoir pas voulu prendre un peu du fardeau, me voilà réduit à le porter tout entier. »

8. L'ARABE ET LE CHAMEAU.

Un Arabe demandait à son chameau, qu'il venait de charger, s'il aimait mieux monter que descendre. Le chameau, assez avisé, répondit : « Ne peut-on pas suivre le droit chemin ? »

9. LE PÊCHEUR QUI JOUE DE LA FLUTE.

Un pêcheur avait une flûte dont il jouait à merveille. Un jour, espérant que sans autre peine il attirerait à lui quantité de poissons par la douceur de ses accords, il déposa son filet, et commença un prélude harmonieux. Enfin, las de souffler et de s'épuiser en sons inutiles, il jette son filet, et prend bon nombre de poissons. Lorsqu'il les vit frétiller à terre, chacun à sa manière, tout en lavant son filet il se mit à les railler : « Vous dansez sans flûte à présent, leur disait-il; il eût mieux valu danser tantôt, pendant que ma flûte vous y invitait. »

Il n'y a point de profit sans peine et sans occupation sérieuse; as-tu pris dans tes filets l'objet de tes vœux? c'est alors que tu peux rire et te récréer.

Ι'. ΔΟΥΛΗ ΚΑΙ ΑΦΡΟΔΙΤΗ.

Αἰσχρῆς τις ἤρα καὶ κακοῤῥύπου δούλης
ἰδίης ἑαυτοῦ, καὶ παρεῖχεν αἰτούσῃ[1]
ἅπανθ' ἑτοίμως. Ἡ δέ, χρυσίου πλήρης,
σύρουσα λεπτὴν πορφύρην ἐπὶ κνήμης,
πᾶσαν μάχην συνῆπτεν οἰκοδεσποίνῃ.
Τὴν δ' Ἀφροδίτην ὥσπερ αἰτίην τούτων
λύχνοις[2] ἐτίμα, καὶ καθ' ἡμέρην πᾶσαν
ἔθυεν, ηὔχεθ', ἱκέτευεν, ἠρώτα[3],
ἕως ποτ' αὐτῶν ἡ θεὸς καθευδόντων
ἦλθεν καθ' ὕπνους[4], καὶ φανεῖσα τῇ δούλῃ,
« Μὴ 'μοὶ χάριν σχῇς ὡς καλήν σε ποιούσῃ·
τούτῳ κεχόλωμαι, » φησίν, « ᾧ καλὴ φαίνῃ. »
[Ἅπας ὁ τοῖς αἰσχροῖσιν ὡς καλοῖς χαίρων
θεοβλαβής τίς ἐστι καὶ φρένας πηρός.]

ΙΑ'. ΑΝΘΡΩΠΟΣ ΚΑΙ ΑΛΩΠΗΞ.

Ἀλώπεκ' ἐχθρὴν ἀμπέλων τε καὶ κήπων
ξένῃ[1] θελήσας περιβαλεῖν τις αἰκίῃ,
τὴν κέρκον ἅψας, καὶ λίνον τι προσδήσας,
ἀφῆκε φεύγειν. Τὴν δ' ἐπίσκοπος δαίμων
εἰς τὰς ἀρούρας τοῦ βαλόντος[2] ὡδήγει
τὸ πῦρ φέρουσαν. Ἦν δὲ ληΐων ὥρη
καὶ καλλίπαις ἄμητος ἐλπίδων πλήρης.
Ὁ δ' ἠκολούθει τὸν πολὺν κόπον κλαίων,
οὐδ' εἶδεν αὐτοῦ τὴν ἅλωνα Δημήτηρ[3].
Χρὴ πρᾶον εἶναι μηδ' ἄμετρα θυμοῦσθαι.
Ἔστιν τις ὀργῆς Νέμεσις (ἣν φυλασσοίμην),
αὐτοῖς βλάβην φέρουσα τοῖς δυσοργήτοις.

---

10. L'ESCLAVE ET VÉNUS.

Un homme était épris de son esclave, femme laide et malpropre, et s'empressait de lui donner tout ce qu'elle demandait. Celle-ci, chargée d'or, vêtue d'une légère étoffe de pourpre qui flottait sur sa jambe, querellait à tout propos la maîtresse de la maison. Elle brûlait des flambeaux en l'honneur de Vénus, à qui elle rendait grâce de son sort; chaque jour elle sacrifiait à la déesse, lui adressait des vœux, des supplications et des prières; enfin, une nuit qu'elle dormait près de son maître, Vénus lui apparut pendant son sommeil et lui dit : « Ne sois pas si reconnaissante des charmes que tu crois me devoir; celui dont les yeux te trouvent belle est l'objet de ma colère. »

La laideur n'a l'attrait de la beauté que pour l'esprit aveuglé par le courroux des dieux.

11. L'HOMME ET LE RENARD.

Un homme, pour punir un renard, grand voleur de vignes et de jardins, imagina de l'habiller d'un tour de sa façon; il lui attacha à la queue un paquet d'étoupes, y mit le feu, puis le laissa s'échapper. Mais un dieu qui le vit poussa la bête dans le champ même de celui qui l'avait lâchée; elle y porta l'incendie. C'était le temps où la moisson se parait de beaux épis, riche d'espérances. L'homme suivait, pleurant tous ses travaux perdus : Cérès ne visita point son aire.

Aimons la modération, et gardons quelque mesure dans nos ressentiments. Il est une divinité vengeresse de la colère (puisse-t-elle m'épargner!) qui s'est chargée de perdre ceux qui s'abandonnent à leurs emportements.

ΙΒʹ. ΑΗΔΩΝ ΚΑΙ ΧΕΛΙΔΩΝ.

Ἀγροῦ χελιδὼν μακρὸν[1] ἐξεπωτήθη.
Εὗρεν δ' ἐρήμοις ἐγκαθημένην ὕλαις
ἀηδόν' ὀξύφωνον· ἡ δ' ἀπεθρήνει
τὸν Ἴτυλον[2] ὠμὸν ἐκπεσόντα τῆς ὥρης.
[Ἐκ τοῦ μέλους δ' ἔγνωσαν αἱ δύ' ἀλλήλας·
καὶ δὴ προσέπτησάν τε καὶ προσωμίλουν.]
Χἠ μὲν χελιδὼν εἶπε· « Φιλτάτη ζώων[3],
πρῶτον βλέπω σε σήμερον μετὰ Θρῄκην[4].
[Ἀεί τις ἡμᾶς πικρὸς ἔσχισεν δαίμων·
καὶ παρθένοι γὰρ χωρὶς ἦμεν ἀλλήλων.]
Ἀλλ' ἐλθ' ἐς ἀγρὸν καὶ πρὸς οἶκον ἀνθρώπων,
ὅπου γεωργοῖς κοὐχὶ θηρίοις ᾄσεις.
Σύσκηνος ἡμῖν καὶ φίλη κατοικήσεις.
[Ὕπαιθρον ὕλην λεῖπε καὶ παρ' ἀνθρώποις
ὁμώροφόν μοι δῶμα καὶ στέγην οἴκει.
Τί σε δροσίζει νυκτὸς ἔννυχος στίβη,
καὶ καῦμα θάλπει, πάντα δ' ἀγρότιν τήκει[5];
Ἄγε δὴ σεαυτήν, σοφὰ λαλοῦσα, μήνυσον. »]
Τὴν δ' αὖτ' ἀηδὼν ὀξύφωνος ἠμείφθη[6]·
« Ἔα με πέτραις ἐμμένειν ἀοικήτοις·
[καὶ μή μ' ὀρεινῆς ὀργάδος σὺ χωρίσσῃς.
Μετὰ τὰς Ἀθήνας ἄνδρα καὶ πόλιν φεύγω·]
οἶκος δέ μοι πᾶς χἠπίμιξις ἀνθρώπων
λύπην παλαιῶν συμφορῶν ἀναξαίνει. »
[Παραμυθία τίς ἐστι τῆς κακῆς μοίρης
λόγος σοφός, καὶ μοῦσα, καὶ φυγὴ πλήθους·
λύπη δ', ὅταν τις, οἷσιν εὐθενῶν ὤφθη,
τούτοις ταπεινὸς αὖθις ὢν συνοικήσῃ.]

12. LE ROSSIGNOL ET L'HIRONDELLE.

Un jour l'hirondelle, quittant ses champs, s'envola dans un bois qu'habitait l'harmonieux rossignol ; il y pleurait Itylus, enlevé bien avant l'âge. Toutes deux se reconnurent à leurs chants ; elles volèrent l'une vers l'autre, et s'entretinrent ainsi : « Ma sœur, dit l'hirondelle, que les dieux vous prêtent vie ! Voici, depuis le temps de Thrace, la première fois que je vous retrouve ; toujours quelque divinité ennemie nous a séparées ; toutes jeunes encore, nous vivions loin l'une de l'autre. Revenez aux champs, revenez vers la demeure des hommes ; là, vos accords seront entendus du laboureur, et non d'animaux sauvages. Nous habiterons ensemble, en amies, sous le même toit. Quittez cette forêt sans abri, venez partager avec moi chez l'homme ma maison et mon nid. Pourquoi rester exposée au froid des nuits humides, à la chaleur brûlante qui dévore ces solitudes ? De grâce, dites-moi votre avis, et qu'il soit sage. » Alors l'harmonieux rossignol : « Laissez-moi parmi ces roches inhabitées, ne m'arrachez pas de ces montagnes sauvages. Depuis Athènes, je fuis les hommes et les villes ; la vue de leurs maisons, leur commerce, ravivent la douleur de mes vieilles infortunes. »

De sages entretiens, la philosophie, la solitude, peuvent consoler d'une mauvaise destinée ; il est dur de revoir, lorsqu'on est dans le malheur, ceux qu'on a eus pour témoins d'une meilleure fortune.

ΙΓ'. ΓΕΩΡΓΟΣ ΚΑΙ ΠΕΛΑΡΓΟΣ.

Αὔλαξι λεπτὰς παγίδας ἀγρότης πήξας,
γεράνους σποράων πολεμίας συνειλήφει.
Τοῦτον πελαργὸς ἱκέτευε χωλεύων·
ὁμοῦ γὰρ αὐταῖς καὶ πελαργὸς ἡλώκει·
« Οὐκ εἰμὶ γέρανος· οὐ σπόρον καταφθείρω·
πελαργός εἰμι (χὴ χρόη με σημαίνει),
πτηνῶν πελαργὸς εὐσεβέστατον ζώων·
τὸν ἐμὸν τιθηνῶ πατέρα καὶ νοσηλεύω. »
Κἀκεῖνος, « Ὦ πελαργέ, τίνι βίῳ χαίρεις
οὐκ οἶδα, » φησίν· « ἀλλὰ τοῦτο γινώσκω·
ἔλαβόν σε σὺν ταῖς τἄργα τἀμὰ πορθούσαις·
ἀπολῇ μετ' αὐτῶν τοιγαροῦν, μεθ' ὧν ἥλως. »
[Κακοῖς ὁμιλῶν, ὡς ἐκεῖνοι μισήσῃ[1],
κἂν μηδὲν αὐτὸς τοὺς πέλας καταβλάψῃς.]

ΙΔ'. ΑΡΚΤΟΣ ΚΑΙ ΑΛΩΠΗΞ.

Ἄρκτος φιλεῖν ἄνθρωπον ἐκτόπως ηὔχει·
νεκρὸν γὰρ αὐτοῦ σῶμ' ἔφασκε μὴ σύρειν.
Πρὸς ἣν ἀλώπηξ εἶπε· « Μᾶλλον ἡρούμην,
εἰ νεκρὸν εἷλκες, τοῦ δὲ ζῶντος οὐχ ἥπτου. »
Ὁ ζῶντα[1] βλάπτων μὴ νεκρόν με θρηνείτω.

ΙΕ'. ΑΝΗΡ ΑΘΗΝΑΙΟΣ ΚΑΙ ΘΗΒΑΙΟΣ.

Ἀνὴρ Ἀθηναῖός τις ἀνδρὶ Θηβαίῳ
κοινῶς ὁδεύων, ὥσπερ εἰκός, ὡμίλει.
Ῥέων δ' ὁ μῦθος ἦλθε μέχρις Ἡρώων,
μακρὴ μὲν ἄλλως ῥῆσις[1], οὐδ' ἀναγκαίη.
Τέλος δ' ὁ μὲν Θηβαῖος υἱὸν Ἀλκμήνης
μέγιστον ἀνδρῶν, νῦν δὲ καὶ θεῶν ὕμνει·

13. LE LABOUREUR ET LA CIGOGNE.

Un laboureur tendit des lacets à fines mailles au travers de ses sillons, et y prit des grues qui faisaient la guerre à ses semailles. Une cigogne au pied boiteux, tombée au piége avec les autres, le suppliait : « Je ne suis point grue, disait-elle ; je ne fais pas tort à tes semences. Je suis la cigogne (vois plutôt la couleur de mon plumage), la cigogne, le plus pieux des oiseaux ; je nourris et je soigne mon père malade. » Mais l'homme : « Je ne sais pas, ô cigogne, comment tu vis ; mais je sais bien que je t'ai trouvée en compagnie de celles qui dévastent mes ouvrages ; prise avec elles, avec elles tu périras. »

Si vous vivez avec les méchants, vous serez détestés comme eux, n'eussiez-vous fait de mal à personne.

---

14. L'OURS ET LE RENARD.

Un ours se vantait d'être fort ami de l'homme : jamais, disait-il, il ne déchirait son cadavre. Un renard lui répondit : « J'aimerais mieux te voir dévorer les morts que te jeter sur les vivants. »

Que celui qui me fait du mal pendant ma vie ne pleure pas mon trépas.

---

15. L'ATHÉNIEN ET LE BÉOTIEN.

Un homme d'Athènes et un Thébain faisaient même route et devisaient ensemble, selon la coutume des voyageurs. Après maints discours on en vint à parler des héros ; la conversation allait au hasard, et se prolongeait en vains propos. Enfin, le Thébain se mit à célébrer le fils d'Alcmène qui, après avoir été le plus grand des hommes, se

ὁ δ' ἐξ Ἀθηνῶν ἔλεγεν ὡς πολὺ κρείσσων
Θησεὺς γένοιτο, καὶ τύχης ὁ μὲν θείης[2]
ὄντως λέλογχεν, Ἡρακλῆς δὲ δουλείης.
Λέγων δ' ἐνίκα· στωμύλος γὰρ ἦν ῥήτωρ·
ὁ δ' ἄλλος, ὡς Βοιωτός[3], οὐκ ἔχων ἴσην
λόγοις ἅμιλλαν, εἶπεν ἀγρίῃ μούσῃ[4]·
« Πέπαυσο[5]· νικᾷς. Τοιγαροῦν χολωθείη
Θησεὺς μὲν ἡμῖν, Ἡρακλῆς δ' Ἀθηναίοις. »

ΙϚ'. ΛΥΚΟΣ ΚΑΙ ΓΡΑΥΣ.

Ἄγροικος ἠπείλησε νηπίῳ τίτθη
κλαίοντι· « Παῦσαι· μή σε τῷ λύκῳ ῥίψω. »
Ὁ λύκος δ' ἀκούσας, τήν τε γραῦν ἀληθεύειν
νομίσας, ἔμεινεν, ὡς ἕτοιμα δειπνήσων,
ἕως ὁ παῖς μὲν ἑσπέρης ἐκοιμήθη·
αὐτὸς δὲ πεινῶν καὶ λύκος χανὼν[1] ὄντως,
ἀπῆλθε νωθραῖς ἐλπίσι παρεδρεύσας.
Λύκαινα δ' αὐτὸν ἡ σύνοικος ἠρώτα·
« Πῶς οὐδὲν ἄρας ἦλθες, ὥσπερ εἰώθεις[2]; »
Ὁ δ' εἶπε· « Πῶς γάρ, ὃς γυναικὶ πιστεύω; »

ΙΖ'. ΑΙΛΟΥΡΟΣ ΚΑΙ ΑΛΕΚΤΡΥΩΝ.

Αἴλουρος ὄρνεις οἰκίης ἐνεδρεύων,
ὡς θύλακός τις πασσάλων ἀπηρτήθη.
Τὸν δ' εἶδ' ἀλέκτωρ πινυτὸς ἀγκυλογλώχιν[1],
καὶ ταῦτ' ἐκερτόμησεν ὀξὺ φωνήσας·
« Πολλοὺς μὲν οἶδα θυλάκους ἰδὼν ἤδη·
οὐδεὶς δ' ὀδόντας ζῶντος εἶχεν αἰλούρου. »

---

trouvait maintenant parmi les dieux; de son côté, l'Athénien mettait Thésée bien au-dessus, et soutenait qu'il avait eu réellement en partage la destinée d'un dieu, et Hercule celle d'un esclave. Il eut tout l'avantage de la discussion, car il était beau parleur; l'autre, véritable Thébain, moins aguerri à ce combat de paroles, lui dit d'un ton bourru : « Brisons là; tu l'emportes. A la bonne heure, que Thésée exerce sa colère contre nous, et Hercule contre les Athéniens. »

---

16. LE LOUP ET LA VIEILLE.

Une nourrice de village menaçait son enfant qui pleurait : « Taistoi, ou je te donne au loup. » Le loup entendit, et crut que la vieille parlait tout de bon; il resta, comptant avoir un souper tout prêt, tant que sur le soir l'enfant s'endormit; pour lui, il s'en revint à jeun, et, comme on dit, la gueule ouverte, après avoir guetté un repas imaginaire. « Comment, contre ton habitude, ne rapportes-tu rien aujourd'hui? » demanda sa compagne la louve. « Que veux-tu, repartit le loup, j'ai cru à la parole d'une femme. »

---

17. LE CHAT ET LE COQ.

Un chat qui guettait des poules s'était suspendu, en guise de sac, aux clous du plancher de la maison; un coq, fin matois, au bec crochu, l'aperçut et se railla de lui : « Je connais les sacs, lui cria-t-il de sa voix perçante; j'en ai vu plus d'un, et ils n'avaient pas des dents de chat vivant. »

ΙΗ'. ΒΟΡΕΑΣ ΚΑΙ ΗΛΙΟΣ.

Βορέῃ λέγουσιν Ἡλίῳ τε τοιαύτην
ἔριν γενέσθαι· πότερος ἀνδρὸς ἀγροίκου
ὁδοιποροῦντος τὴν σισύραν[1] ἀπεκδύσει.
Βορέης δ' ἔφυσα πρῶτος οἷος ἐκ Θρήκης,
βίῃ νομίζων τὸν φοροῦντα συλήσειν.
Ὁ δ' οὐ μεθῆκε μᾶλλον[2], ἀλλὰ ῥιγώσας,
καὶ πάντα κύκλῳ χερσὶ κράσπεδα σφίγξας,
καθῆστο, πέτρης νῶτον ἐξοχῇ κλίνας[3].
Ὁ δ' Ἥλιος τὸ πρῶτον ἡδὺς ἐκκύψας,
ἀνῆκεν αὐτὸν τοῦ δυσηνέμου ψύχους·
ἔπειτα δ' αὖ προσῆγε τὴν ἕλην πλείω,
καὶ καῦμα τὸν γεωργὸν εἶχεν ἐξαίφνης·
αὐτὸς[4] δὲ ῥίψας τὴν σισύραν ἐγυμνώθη.
Βορέης μὲν οὕτω συγκριθεὶς ἐνικήθη.
Λέγει δ' ὁ μῦθος· Πραότητα, παῖ, ζήλου·
ἀνύσεις τι πειθοῖ μᾶλλον ἢ βίῃ ῥέζων.

ΙΘ'. ΒΟΤΡΥΣ ΚΑΙ ΑΛΩΠΗΞ.

Βότρυς μελαίνης ἀμπέλου παρωρείης[1]
ἀπεκρέμαντο· τοὺς δὲ ποικίλη κερδὼ
ἰδοῦσα πλήρεις, πολλάκις μὲν ὡρμήθη
πηδῶσα ποσσὶ πορφυρῆς θιγεῖν ὥρης[2]·
ἦν γὰρ πέπειρος κεὶς τρύγητον ἀκμαίη·
κάμνουσα δ' ἄλλως (οὐ γὰρ ἴσχυε ψαύειν),
παρῆλθεν, οὕτω βουκολοῦσα[3] τὴν λύπην·
« Ὄμφαξ ὁ βότρυς, οὐ πέπειρος ὡς ᾤμην. »

Κ'. ΒΟΗΛΑΤΗΣ ΚΑΙ ΗΡΑΚΛΗΣ.

Βοηλάτης ἅμαξαν ἦγεν ἐκ κώμης.
Τῆς δ' ἐμπεσούσης εἰς φάραγγα κοιλώδη,

18. BORÉE ET LE SOLEIL.

Borée et le Soleil disputèrent, dit-on, à qui dépouillerait de son manteau un paysan qui faisait route. Borée, le premier, souffle comme s'il arrivait du fond de la Thrace, comptant sur sa violence pour dégarnir les épaules du voyageur. Notre homme ne lâche pas pour cela son manteau; mais, glacé de froid, il le serre des deux mains contre son corps, et va s'asseoir, adossé à la saillie d'un rocher. Le Soleil alors perce les nues, et, montrant sa douce face, fait oublier au voyageur les rigueurs de la froide bise; bientôt sa chaleur devient plus vive, et en un instant le bonhomme sent toutes les ardeurs du midi; aussitôt, et de lui-même, il dépouille et rejette son manteau. Ainsi Borée fut vaincu dans la lutte.

Cette fable te dit : Enfant, use de la douceur : pour réussir, mieux vaut la persuasion que la violence.

---

19. LE RENARD ET LES RAISINS.

De beaux raisins noirs pendaient au flanc d'une colline; un renard des plus fins, qui les vit si gros et si bien remplis, essaya à force de sauts et de bonds d'atteindre leurs grappes purpurines : ils étaient mûrs, en effet, et tout prêts pour la vendange. Après qu'il se fut donné bien du mal, sans jamais pouvoir les toucher, il s'en retourna, adoucissant ainsi son chagrin : « Ces raisins sont verts; ils ne sont pas mûrs comme je l'avais cru. »

---

20. LE BOUVIER ET HERCULE.

Un bouvier conduisait un chariot hors de son village. La voiture tomba dans un trou profond; au lieu de faire effort pour la sortir,

δέον βοηθεῖν, αὐτὸς ἀργὸς εἱστήκει·
τῷ δ' Ἡρακλεῖ προσηύχεθ', ὃν μόνον πάντων
θεῶν ἀληθῶς προσεκύνει τε κἀτίμα.
Θεὸς δ' ἐπιστάς, εἶπε· « Τῶν τροχῶν ἅπτου,
καὶ τοὺς βόας κέντριζε· τοῖς θεοῖς δ' εὔχου,
ὅταν τι ποιῇς καὐτός[1], ἢ μάτην εὔξῃ. »

ΚΑ'. ΒΟΕΣ.

Βόες μαγείρους ἀπολέσαι ποτ' ἐζήτουν,
ἔχοντας αὐτοῖς πολεμίην ἐπιστήμην.
Καὶ δὴ συνηθροίζοντο, πρὸς μάχην ἤδη
κέρατ'[1] ἀποξύνοντες. Εἷς δέ τις λίην
γέρων ἐν αὐτοῖς πολλὰ γῆν ἀροτρεύσας,
« Οὗτοι μὲν ἡμᾶς, » εἶπε, « χερσὶν ἐμπείροις
σφάζουσι καὶ κτείνουσι χωρὶς αἰκίης[2]·
ἢν δ' εἰς ἀτέχνους ἐμπέσωμεν ἀνθρώπους,
διπλοῦς τότ' ἔσται θάνατος· οὐ γὰρ ἐλλείψει
τὸν βοῦν ὁ θύσων, κἂν μάγειρος ἐλλείψῃ. »
[Ὁ τὴν παροῦσαν πημονὴν φεύγειν σπεύδων
ὁρᾶν ὀφείλει μή τι χεῖρον ἐξεύρῃ.]

ΚΒ'. ΑΝΗΡ ΜΕΣΟΠΟΛΙΟΣ ΚΑΙ ΔΥΟ ΕΡΩΜΕΝΑΙ.

Βίου τις ἤδη τὴν μέσην ἔχων ὥρην
(νέος μὲν οὐκ ἦν, οὐδέπω δὲ πρεσβύτης),
λευκαῖς μελαίνας μιγάδας ἐκλόνει χαίτας·
εἶτ' εἰς ἔρωτας ἐσχόλαζε καὶ κώμους.
Ἤρα γυναικῶν δύο, νέης τε καὶ γραίης·
νέον μὲν αὐτὸν ἡ νεῆνις ἐζήτει
βλέπειν ἐραστήν, συγγέροντα δ' ἡ γραίη.
Τῶν οὖν τριχῶν ἑκάστοθ' ἡ μὲν ἀκμαίη
ἔτιλλεν ἃς ηὕρισκε λευκανθιζούσας·
ἔτιλλε δ' ἡ γραῦς, εἰ μέλαιναν ηὑρήκει·

l'homme s'arrêta, et, pour toute besogne, se mit à invoquer Hercule, le seul d'entre les dieux qu'il voulût honorer et adorer. Le dieu se montre et lui dit : « Mets la main à la roue, pique tes bœufs ; appelle les dieux quand tu te seras aidé toi-même, ou tu les appelleras en vain. »

21. LES BOEUFS.

Les bœufs un jour cherchaient à se défaire des bouchers, dont la profession leur est si funeste. Déjà ils s'attroupaient et aiguisaient leurs cornes pour le combat. Un des leurs, un vieux bœuf qui avait longtemps traîné la charrue, leur dit : « Du moins, ceux-ci ont la main habile et nous tuent sans nous faire trop de mal ; mais ce sera deux fois mourir que de tomber sous les coups de maladroits ; à défaut de bouchers, les bœufs auront encore assez d'égorgeurs. »

Avant de fuir un mal présent, vois à ne pas tomber dans un pire.

22. L'HOMME ENTRE DEUX AGES ET SES DEUX MAITRESSES.

Un homme de moyen âge, ni vieux ni jeune, portait une chevelure mêlée de blanc et de noir ; il n'en partageait pas moins son temps entre les amours et les joyeux festins. Il avait deux maîtresses, l'une encore fraîche, l'autre déjà sur le retour : la jeune voulait voir en lui un jeune amant ; la vieille voulait un vieux comme elle. Aussi chaque jour la jeune arrachait les cheveux qu'elle trouvait grisonnants ; la vieille, de son côté, saccageait les noirs ; tant qu'enfin, à force de les arracher

ἕως φαλακρὸν ἡ νέη τε χἡ γραίη
ἔθηχ'[1], ἑκάστη τῶν τριχῶν ἀποσπῶσα.
[Ἀεὶ γὰρ ἕν γε[2] τιλλόμενος ἐγυμνοῦτο.
Φάσκει δ' ὁ μῦθος τοῦτο πᾶσιν ἀνθρώποις·
Ἐλεεινὸς ὅστις εἰς γυναῖκας ἐμπίπτει·
ἀεὶ γὰρ ἕν γε δακνόμενος[3] † γυμνοῦται.]

ΚΓ'. ΒΟΗΛΑΤΗΣ ΤΑΥΡΟΝ ΑΠΟΛΕΣΑΣ.

Βοηλάτης ἄνθρωπος εἰς[1] μακρὴν ὕλην
ταῦρον κεράστην ἀπολέσας ἀνεζήτει·
ἔθηκε δ' εὐχὴν ταῖς ὀρεινόμοις νύμφαις,
Ἑρμῇ νομαίῳ[2], Πανί, τοῖς πέριξ, ἄρνα
λοιβὴν[3] παρασχεῖν, εἰ λάβοι γε τὸν κλέπτην.
Ὄχθον δ' ὑπερβάς, τὸν καλὸν βλέπει ταῦρον
λέοντι θοίνην· δυστυχὴς δ' ἐπαρᾶται
καὶ βοῦν προσάξειν[4], εἰ φύγοι γε τὸν κλέπτην.
[Ἐντεῦθεν ἡμᾶς τοῦτ' ἔοικε γινώσκειν,
ἄβουλον εὐχὴν τοῖς θεοῖσι μὴ πέμπειν,
ἐκ τῆς πρὸς ὥρην ἐκφορουμένους λύπης.]

ΚΔ'. ΓΑΜΟΙ ΗΛΙΟΥ.

Γάμοι μὲν ἦσαν Ἡλίου θέρους ὥρῃ[1]·
τὰ ζῷα δ' ἱλαροὺς ἦγε τῷ θεῷ κώμους.
Καὶ βάτραχοι δὲ λιμνάδας χοροὺς ἦγον·
οὓς εἶπε παύσας φρῦνος· « Οὐχὶ παιάνων
τοῦτ' ἐστὶν[2] ἡμῖν, φροντίδων δὲ καὶ λύπης·
ὃς γὰρ μόνος νῦν λιβάδα πᾶσαν αὐαίνει,
τί μὴ πάθωμεν τῶν κακῶν, ἐὰν γήμας
ὅμοιον αὐτῷ παιδίον τι γεννήσῃ; »
Χαίρουσι πολλοὶ τῶν ὑπερβολῇ κούφων
ἐφ' οἷς ἄγαν μέλλουσιν οὐχὶ χαιρήσειν.

à l'envi, la vieille et la jeune le rendirent chauve : épilé poil à poil, notre amoureux fut mis à nu.

Cette fable s'adresse à tous les hommes et leur dit : « Bien à plaindre est celui qui tombe entre les mains des femmes; sans cesse tourmenté par elles, il finit par être dépouillé. »

---

23. LE BOUVIER QUI A PERDU SON TAUREAU.

Un bouvier cherchait dans une vaste forêt un taureau aux belles cornes qu'il avait perdu; il faisait vœu aux nymphes des montagnes, à Mercure, dieu des pâturages, à Pan, à toutes les divinités d'alentour, de leur sacrifier un agneau s'il attrapait le voleur : arrivé au sommet d'une colline, il voit son beau taureau, dont un lion faisait son repas. Le malheureux aussitôt promet d'offrir un bœuf s'il échappe à son voleur.

Ceci nous apprend qu'il ne faut point nous laisser emporter par la douleur du moment à adresser aux dieux des vœux irréfléchis.

---

24. LES NOCES DU SOLEIL.

On célébrait un été les noces du Soleil; pour faire honneur au dieu, les animaux se livraient aux plaisirs des festins. Les grenouilles aussi dansaient dans leurs marécages; un crapaud mit le holà et leur dit : « Ceci n'est pas pour nous un sujet de chants ni de fêtes, mais bien plutôt de soucis et de douleur. Seul à cette heure il met à sec tout le marais; que n'aurons-nous point à souffrir après son mariage, s'il lui vient un fils qui lui ressemble? »

Bien des gens trop étourdis se réjouissent de choses dont ils ne devraient pas se réjouir.

ΚΕ'. ΛΑΓΩΟΙ ΚΑΙ ΒΑΤΡΑΧΟΙ.

Γνώμη λαγωοὺς εἶχε[1] μηκέτι ζώειν,
πάντας δὲ λίμνης εἰς μέλαν πεσεῖν[2] ὕδωρ,
ὁθούνεκ' εἰσὶν ἀδρανέστατοι ζώων,
ψυχάς τ' ἄτολμοι, μοῦνον εἰδότες φεύγειν.
Ἐπεὶ δὲ λίμνης ἐγγὺς ἦσαν εὐρείης,
καὶ βατράχων ὅμιλον εἶδον ἀκταίων
βαθέην[3] ἐς ἰλὺν ὀκλαδιστὶ πηδώντων,
ἐπεστάθησαν. Καί τις εἶπε θαρσήσας·
« Ἄψ νῦν ἴωμεν· οὐκέτι χρεὼν θνήσκειν·
ὁρῶ γὰρ ἄλλους ἀσθενεστέρους ἡμῶν. »

ΚϚ'. ΓΕΩΡΓΟΣ ΚΑΙ ΓΕΡΑΝΟΙ.

Γέρανοι γεωργοῦ κατενέμοντο τὴν χώρην
ἐσπαρμένην νεωστὶ πυρίνῳ σίτῳ.
Ὁ δ' ἄχρι πολλοῦ[1] σφενδόνην κενὴν σείων,
ἐδίωκεν αὐτὰς τῷ φόβῳ καταπλήσσων.
Αἱ δ' ὡς ἐπέσχον[2] σφενδονῶντα τὰς αὔρας,
κατεφρόνησαν λοιπὸν ὥστε μὴ φεύγειν,
ἕως ἐκεῖνος οὐκέθ', ὡς πρὶν εἰώθει,
λίθους δὲ βάλλων, ἠλόησε τὰς πλείους.
Αἱ δ' ἐκλιποῦσαι τὴν ἄρουραν, ἀλλήλαις
« Φεύγωμεν, » ἐκραύγαζον, « εἰς τὰ Πυγμαίων[3]·
ἄνθρωπος οὗτος οὐκέτ' ἐκφοβεῖν ἡμᾶς
ἔοικεν· ἤδη δ' ἄρχεταί τι καὶ πράσσειν. »

ΚΖ'. ΓΑΛΗ ΣΥΛΛΗΦΘΕΙΣΑ.

Γαλῆν δόλῳ τις συλλαβὼν τε καὶ δήσας,
ἔπνιγεν[1] ὑδάτων ἐν συναγγίᾳ κοίλῃ·
τῆς δ' αὖ λεγούσης, « Ὡς κακὴν χάριν τίνεις

25. LES LIÈVRES ET LES GRENOUILLES.

Les lièvres prirent un jour la résolution de ne pas vivre davantage, et de s'aller jeter tous ensemble dans l'eau noire d'un marais; ils avaient honte d'être les plus faibles des animaux, des âmes sans courage, de ne savoir que fuir. Arrivés près d'un grand marécage, et voyant sur les bords une troupe de grenouilles qui sautaient, grouillaient et rentraient au plus vite dans la vase profonde, ils s'arrêtèrent. Un d'eux, reprenant courage, leur dit : « Retournons; à quoi bon mourir? j'en vois d'ici de plus poltrons que nous. »

---

26. LE LABOUREUR ET LES GRUES.

Des grues ravageaient le champ d'un laboureur qui venait de semer du froment. Il perdit bien du temps à les poursuivre en agitant une fronde vide pour les épouvanter. Elles, voyant qu'il ne frappait que les airs, finirent par se moquer de lui, et ne se sauvèrent plus, jusqu'à ce que l'homme, se ravisant, leur lança des pierres et en assomma bon nombre. Aussitôt elles quittent le champ, et se crient l'une à l'autre : « Fuyons chez les Pygmées; cet homme se contentait de nous effrayer tout à l'heure, maintenant il y va tout de bon. »

---

27. LA BELETTE.

Un homme avait pris une belette au piége; il la garrotta et voulait la noyer dans un grand trou rempli d'eau. Celle-ci lui dit : « Me voilà bien payée des services que je t'ai rendus en faisant la chasse aux rats

ὧν σ' ὠφέλουν θηρῶσα μῦς τε καὶ σαύρας· »
« Ἐπιμαρτυρῶ σοι, » φησίν· « ἀλλὰ καὶ πάσας
ἔπνιγες ὄρνεις[2], πάντα δ' οἶκον ἠρήμους,
βλάπτουσα μᾶλλον, ἤπερ ὠφελοῦσ' ἡμᾶς. »

ΚΗ'. ΒΟΥΣ ΚΑΙ ΦΡΥΝΟΣ.

Γέννημα φρύνου συνεπάτησε βοῦς πίνων·
ἐλθοῦσα δ' αὐτόσ' (οὐ παρῆν γάρ) ἡ μήτηρ,
παρὰ τῶν ἀδελφῶν ποῦ ποτ' ἦν ἐπεζήτει.
« Τέθνηκε, μῆτερ, εἶπον· ἄρτι τῆς ὥρης
ἦλθεν πάχιστον τετράπουν, ὑφ' οὗ κεῖται
χηλῇ μαλαχθέν[1]. » Ἡ δὲ φρῦνος ἠρώτα,
φυσῶσ' ἑαυτήν, εἰ τοιοῦτον ἦν ὄγκῳ
τὸ ζῷον. Οἱ δὲ μητρί, « Παῦε, μὴ πρίου[2]·
θᾶσσον σεαυτήν, » εἶπον, « ἐκ μέσου[3] ῥήξεις,
ἢ τὴν ἐκείνου ποιότητα μιμήσῃ.

ΚΘ'. ΙΠΠΟΣ ΓΕΡΩΝ.

Γέρων ποθ' ἵππος εἰς ἀλητὸν ἐπράθη.
Ζευχθεὶς δ' ὑπὸ μύλην ἑσπέρην τάλας πᾶσαν
. . . .
καὶ δὴ[1] στενάξας, εἶπεν· « Ἐκ δρόμων οἵων
καμπτῆρας οἵους ἀλφιτεῦσι γυρεύω. »
[Μὴ λίαν ἐπαίρου πρὸς τὸ τῆς ἀκμῆς γαῦρον·
πολλοῖς τὸ γῆρας εἰς πόνους ἀνηλώθη[2].]

Λ'. ΛΙΘΟΥΡΓΟΣ ΚΑΙ ΕΡΜΗΣ.

Γλύψας ἐπώλει λύγδινόν τις Ἑρμείην.
Τὸν δ' ἠγόραζον[1] ἄνδρες, ὃς μὲν εἰς στήλην
(υἱὸς γὰρ αὐτῷ προσφάτως ἐτεθνήκει),

et aux lézards! — A la bonne heure! répondit l'homme; mais tu étranglais toutes mes poules et dévastais toute ma basse-cour; tu m'as fait beaucoup plus de mal que de bien. »

---

28. LE BOEUF ET LA GRENOUILLE.

Un bœuf en s'abreuvant écrasa le petit d'une grenouille; la mère survint (car elle ne s'était pas trouvée là), et demanda à ses autres enfants où était leur frère : « Mère, il est mort; tout à l'heure, il n'y a qu'un instant, il est venu une grosse bête à quatre pieds qui l'a écrasé sous sa patte; il est étendu là. » La grenouille s'enflant alors demanda si l'animal était bien aussi gros qu'elle. « Mère, crièrent-ils, cesse, et ne te fais pas crever; car tu te rompras en deux avant d'égaler l'autre en grosseur. »

---

29. LE CHEVAL DEVENU VIEUX.

Un jour un vieux cheval fut vendu à un meunier. Le malheureux, attelé tout le soir à la meule, dit en gémissant : « Faut-il qu'après tant de glorieuses courses, je sois réduit à tourner ainsi pour des meuniers, et autour de quelles bornes! »

Ne t'enorgueillis pas trop de l'éclat de ta jeunesse; bien des gens consument dans d'humbles travaux leurs derniers jours.

---

30. LE STATUAIRE ET MERCURE.

Un statuaire mit en vente un Hermès de marbre blanc qu'il avait sculpté. Deux hommes le marchandaient : l'un, dont le fils venait de mourir, pour en faire un cippe; l'autre, qui était artisan, voulait l'é-

ὁ δέ, χειροτέχνης, ὡς θεὸν καθιδρύσων.
Ἦν δ' ὀψέ· χὠ λιθουργὸς οὐκ ἐπεπράκει,
συνθέμενος αὐτοῖς εἰς τὸν ὄρθρον[2] αὖ δεῖξαι
ἐλθοῦσιν. Ὁ δὲ λιθουργὸς εἶδεν ὑπνώσας
αὐτὸν τὸν Ἑρμῆν ἐν πύλαις ὀνειρείαις[3],
« Ἤδη, » λέγοντα, « τἀμὰ νῦν ταλαντεύῃ·
ἓν[4] γάρ με νεκρὸν ἢ θεὸν σὺ ποιήσεις. »

ΛΑ'. ΓΑΛΑΙ ΚΑΙ ΜΥΕΣ.

Γαλαῖ ποτ' εἶχον καὶ μύες πρὸς ἀλλήλους
ἄσπονδον αἰεὶ πόλεμον, αἱμάτων πλήρη·
γαλαῖ δ' ἐνίκων. Οἱ μύες δὲ τῆς ἥττης
ἐδόκουν ὑπάρχειν αἰτίην σφίσιν ταύτην,
ὅτι στρατηγοὺς οὐκ ἔχοιεν ἐκδήλους,
ἀεὶ δ' ἀτάκτως ὑπομένουσι[1] κινδύνους.
Εἵλοντο τοίνυν τοὺς γένει τε καὶ ῥώμῃ
γνώμῃ τ' ἀρίστους, εἰς μάχην τε γενναίους,
οἳ σφᾶς ἐκόσμουν, καὶ διεῖλον εἰς ἴλας[2]
λόχους τε καὶ φάλαγγας, ὡς ἐν ἀνθρώποις.
Ἐπεὶ δ' ἐτάχθη πάντα καὶ συνηθροίσθη,
[καί τις γαλῆν μῦς προὐκαλεῖτο θαρσήσας,]
οἵ τε στρατηγοὶ λεπτὰ πηλίνων τοίχων[3]
κάρφη μετώποις ἁρμόσαντες ἀκραίοις,
ἡγοῦντο, παντὸς ἐκφανέστατοι πλήθους
. . . .
Πάλιν δὲ φύζα τοὺς μύας κατειλήφει.
Ἄλλοι μὲν οὖν σωθέντες ἦσαν ἐν τρώγλαις·
τοὺς δὲ στρατηγοὺς εἰστρέχοντας οὐκ εἴα
τὰ περισσὰ[4] κάρφη τῆς ὀπῆς ἔσω δύνειν,
μόνοι θ' ἑάλων αὐτόθεν μυχῶν πρόσθεν.
Νίκης δ' ἐπ' αὐτοῖς καὶ τρόπαιον εἱστήκει,
γαλῆς ἑκάστης μῦν στρατηγὸν ἑλκούσης.
Λέγει δ' ὁ μῦθος· Εἰς τὸ ζῆν ἀκινδύνως
τῆς λαμπρότητος ηὐτέλεια βελτίων.

---

tablir chez lui comme un dieu. Il se faisait tard, et le statuaire n'avait pas vendu; il convint avec eux de leur montrer de nouveau le buste s'ils revenaient le lendemain matin. Mais, durant son sommeil, le sculpteur vit sur la porte des songes Mercure lui-même qui lui disait : « Mon sort est dans tes mains; tu peux à ton choix faire de moi ou un mort ou un dieu. »

---

31. LES BELETTES ET LES RATS.

Les belettes et les rats se faisaient une guerre implacable et sanglante; les belettes étaient victorieuses. Les rats attribuaient leur défaite au manque de généraux qui se missent à leur tête et ne les laissassent plus courir tout en désordre aux batailles. Ils choisirent donc ceux qui se distinguaient le plus par leur naissance et leur force, les plus consommés en prudence, les plus valeureux dans les combats. Nos capitaines mirent partout la discipline, les partagèrent en bataillons, en cohortes, en phalanges, comme chez les hommes. Quand ils furent tous rassemblés et rangés en bataille, et qu'un rat plus courageux eut défié une belette, les chefs, ayant orné le haut de leur tête de petits brins de paille qu'ils avaient enlevés à des murs de pisé, marchaient en avant, aisés à reconnaître entre tous.... Les rats prirent la fuite de plus belle. La racaille trouva son salut dans ses trous; les commandants seuls, empêchés par leurs aigrettes, ne purent s'y fourrer assez vite, et furent pris à l'entrée même de leurs retraites. On fit des trophées de cette victoire; chaque belette traîna à sa suite un général rat.

La fable nous dit : Pour fuir le danger, mieux vaut la médiocrité que la plus brillante fortune.

ΛΒ'. ΓΑΛΗ ΚΑΙ ΑΦΡΟΔΙΤΗ.

Γαλῇ ποτ' ἀνδρὸς εὐπρεποῦς ἐρασθείσῃ
δίδωσι σεμνὴ Κύπρις, ἡ Πόθων μήτηρ[1],
μορφὴν ἀμεῖψαι καὶ λαβεῖν γυναικείην
καλῆς γυναικός, ἧς τίς οὐκ, ἔχων, ἤρα;
Ἰδὼν δ' ἐκεῖνος (ἐν μέρει γὰρ ἡλώκει)
γαμεῖν ἔμελλεν. Ἠρμένου[2] δὲ τοῦ δείπνου,
παρέδραμεν μῦς. Ἡ δὲ[3] τῆς βαθυστρώτου
καταβᾶσα κλίνης ἐπεδίωκεν ἡ νύμφη.
Γάμου δὲ δαιτὴ λέλυτο· καὶ καλῶς παίξας[4]
Ἔρως ἀπῆλθε. Τῇ φύσει γὰρ ἡττήθη.

ΛΓ'. ΓΕΩΡΓΟΣ ΚΑΙ ΨΑΡΕΣ.

Δυσμαὶ μὲν ἦσαν Πλειάδων, σπόρου δ' ὥρη·
καί τις γεωργὸς πυρὸν εἰς νεὸν ῥίψας,
ἐφύλασσεν ἑστώς. Καὶ γὰρ ἄκριτον πλήθει
μέλαν κολοιῶν ἔθνος ἦλθε δυσφώνων,
ψᾶρές τ', ὄλεθρος σπερμάτων ἀρουραίων.
Τῷ δ' ἠκολούθει σφενδόνην ἔχων κοίλην
παιδίσκος. Οἱ δὲ ψᾶρες ἐκ συνηθείης[1]
ἤκουον εἰ τὴν σφενδόνην ποτ' ᾐτήκει,
καὶ πρὶν λαβεῖν ἔφευγον. Εὗρε δὴ τέχνην
ὁ γεωργὸς ἄλλην, τόν τε παῖδα φωνήσας
ἐδίδασκεν· « Ὦ παῖ· χρὴ γὰρ ὀρνέων ἡμᾶς
σοφὸν δολῶσαι φῦλον. Ἡνίκ' ἂν τοίνυν
ἔλθωσ', ἐγὼ μέν, » εἶπεν, « ἄρτον αἰτήσω·
σὺ δ' οὐ τὸν ἄρτον, σφενδόνην δέ μοι δώσεις. »
Οἱ ψᾶρες ἦλθον, κἀνέμοντο τὴν χώρην.
Ὁ δ' ἄρτον ᾔτει, καθάπερ εἶχε συνθήκη·
οἱ δ' οὐκ ἔφευγον. Τῷ δ' ὁ παῖς λίθων πλήρη
τὴν σφενδόνην ἔδωκεν· ὁ δὲ γέρων ῥίψας
τοῦ μὲν τὸ βρέγμα, τοῦ δ' ἔτυψε τὴν κνήμην,

32. LA BELETTE ET VÉNUS.

Un jour l'auguste Cypris, la mère des Désirs, eut pitié d'une belette qui s'était éprise d'un homme beau comme le jour; elle lui permit de changer de forme, et de se métamorphoser en femme, mais en femme si belle, qu'il était impossible de n'en pas être épris. L'homme la vit, et il allait l'épouser; car, à son tour, il en était amoureux. Le repas des noces servi, une souris traverse la salle. La fiancée quitte ses coussins moelleux et la poursuit : aussitôt le festin nuptial est interrompu. L'Amour avait plaisanté avec grâce; il partit, vaincu par le naturel.

---

33. LE LABOUREUR ET LES ÉTOURNEAUX.

Les Pléiades se couchaient; c'était le temps des semailles. Un laboureur venait de jeter le grain dans ses sillons, et restait pour le garder. Survinrent des geais au noir plumage, troupe innombrable et criarde, et avec eux des étourneaux, fléau des semences. Un jeune enfant suivait le laboureur, une fronde à la main. Les étourneaux écoutaient, et lorsque notre homme, sans autre malice, demandait sa fronde, ils fuyaient avant qu'il l'eût prise. Le laboureur imagina une autre finesse, et fit la leçon à l'enfant. « Mon ami, lui dit-il, avec cette race rusée il faut user de ruse. Lorsqu'ils viendront, je te demanderai du pain; toi, au lieu de pain, tu me donneras la fronde. » Les étourneaux revinrent, et ils saccageaient le champ. L'homme demanda du pain, comme il en était convenu; les étourneaux ne fuyaient pas. L'enfant lui donna la fronde pleine de pierres; le vieillard les lança et attrapa qui à la tête, qui à l'épaule, qui à la patte. Ils prirent aussitôt la fuite. Des grues qui les rencontrèrent leur de-

ἑτέρου τὸν ὦμον. Οἱ δ' ἔφευγον ἐκ χώρης.
Γέρανοι συνήντων, καὶ τὸ συμβὰν ἠρώτων.
Καί τις κολοιῶν εἶπε· « Φεύγετ' ἀνθρώπων
γένος πονηρόν, ἄλλα μὲν πρὸς ἀλλήλους
λαλεῖν μαθόντων, ἄλλα δ' ἔργα ποιούντων. »
[Δεινὸν τὸ φῦλον τῶν δόλῳ τι πραττόντων.]

ΛΔ'. ΠΑΙΣ ΕΣΘΙΩΝ ΣΠΛΑΓΧΝΑ.

Δήμητρι ταῦρον ὄχλος ἀγρότης θύων,
ἅλω πλατεῖαν οἰνάσιν[1] κατεστρώκει.
Κρεῶν τραπέζας εἶχε, καὶ πίθους οἴνου.
Ἐκ τῶν δὲ παίδων ἐσθίων τις ἀπλήστως
ὑπὸ τῶν βοείων ἐγκάτων ἐφυσήθη,
κἀπῆλθ' ἐς οἴκους, γαστρὸς ὄγκον ἀλγήσας[2].
Πεσὼν δ' ἐφ'[3] ὑγραῖς μητρὸς ἀγκάλαις, « Οἴμοι·
τί ταῦτ'; » ἐφώνει· « δυστυχὴς ἀποθνήσκω·
τὰ σπλάγχνα γάρ, τεκοῦσα, πάντα μοὐκπίπτει[4]. »
Ἡ δ' εἶπε· « Θάρσει, κἀπόβαλλε· μὴ φείδου·
οὐ γὰρ σά, τέκνον, ἀλλ' ἐμεῖς τὰ τοῦ ταύρου. »
[Ὅταν ὀρφανοῦ τις οὐσίην ἀναλώσας,
ἔπειτα ταύτην ἐκτίνων[5] ἀποιμώζῃ,
πρὸς τοῦτον ἄν τις καταχρέοιτο τῷ μύθῳ.]

ΛΕ'. ΠΙΘΗΚΟΙ.

Δύω μὲν υἱοὺς ἡ πίθηκος ὠδίνει·
τεκοῦσα δ' αὐτοῖς ἐστιν οὐκ ἴση μήτηρ·
ἀλλ' ὃν μὲν αὐτῶν ἀθλίης ὑπ' εὐνοίης
θάλπουσα κόλποις ἀγρίοις ἀποπνίγει,
τὸν δ' ὡς περισσὸν καὶ μάταιον ἐκβάλλει.
Κἀκεῖνος[1] ἐλθὼν εἰς ἐρημίην ζώει.
Τοιοῦτο πολλῶν ἐστιν ἦθος ἀνθρώπων,
οἷς ἐχθρὸς αἰεὶ μᾶλλον ἢ φίλος γίνου.

---

mandèrent ce qui était arrivé. Un geai leur dit : « Fuyez les hommes, fuyez cette race scélérate ; ils savent parler entre eux d'une façon et agir de l'autre. »

Les gens rusés sont une dangereuse espèce.

---

34. L'ENFANT GLOUTON.

Une troupe de villageois sacrifiait un taureau à Cérès : une vaste grange avait été jonchée de pampres ; on y avait disposé des tables chargées de viandes et des tonneaux pleins de vin. Un enfant, qui avait mangé outre mesure, s'en revint le ventre gonflé des entrailles de la victime, et en proie à de vives douleurs. Il se jeta dans les bras caressants de sa mère : « Hélas ! s'écriait-il, qu'est ceci ? malheureux, je me meurs. Bonne mère, je rends toutes mes entrailles. — Courage, répondit la mère, ne crains rien, débarrasse-toi : ce ne sont pas tes entrailles, mais celles du taureau. »

Quand ceux qui ont dévoré les biens de l'orphelin se plaignent des restitutions qu'on leur demande, appliquez-leur cette fable.

---

35. LES SINGES.

La guenon porte deux petits ; mais une fois qu'ils sont nés, elle n'a pas pour eux une égale tendresse : cruelle dans son amour, elle étouffe l'un à force de caresses ; l'autre lui est indifférent, elle le rejette ; il va dans la solitude des bois, et il y vit.

Ainsi en usent bien des hommes ; mieux vaut les avoir pour ennemis que pour amis.

ΛϚ'. ΦΗΓΟΣ ΚΑΙ ΚΑΛΑΜΟΣ.

Δρῦν αὐτόριζον ἄνεμος ἐξ ὄρους ἄρας
ἔδωκε ποταμῷ· τὴν δ' ἔσυρε κυμαίνων,
πελώριον φύτευμα τῶν πρὶν ἀνθρώπων.
Πολὺς δὲ κάλαμος ἑκατέρωθεν εἱστήκει
ἐλαφρὸν[1] ὄχθης ποταμίας ὕδωρ πίνων.
Θάμβος δὲ τὴν δρῦν εἶχε, πῶς ὁ μὲν λίην
λεπτός τις ὢν κἀβληχρὸς οὐκ ἐπεπτώκει,
αὐτὴ δὲ τόσση φηγὸς[2] ἐξεριζώθη.
Σοφῶς δὲ κάλαμος εἶπε· « Μηδὲν ἐκπλήσσου·
σὺ μὲν μαχομένη ταῖς πνοαῖς ἐνικήθης,
ἡμεῖς δὲ καμπτόμεσθα μαλθακῇ[3] γνώμῃ,
κἂν βαιὸν ἡμῶν ἄνεμος ἄκρα κινήσῃ. »
Κάλαμος μὲν οὕτως. Ὁ δέ γε μῦθος ἐμφαίνει
μὴ δεῖν μάχεσθαι τοῖς κρατοῦσιν, ἀλλ' εἴκειν.

ΛΖ'. ΔΑΜΑΛΙΣ ΚΑΙ ΤΑΥΡΟΣ.

Δάμαλις ἐν ἀγροῖς, ἄφετος, ἀτριβὴς ζεύγλης,
κάμνοντι καὶ σύροντι τὴν ὕνιν ταύρῳ,
« Τάλας, » ἐφώνει, « μόχθον οἷον ὀτλεύεις. »
Ὁ βοῦς δ' ἐσίγα χὐπέτεμνε τὴν χώρην.
Ἐπεὶ δ' ἔμελλον ἀγρόται θεοῖς θύειν,
ὁ βοῦς μὲν ὁ γέρων εἰς νομὰς ἀπεζεύχθη,
ὁ δὲ μόσχος ἀδμὴς κεῖνος εἵλκετο, σχοίνῳ
δεθεὶς κέρατα, βωμὸν αἵματος πλήσων.
Κἀκεῖνος αὐτῷ τοιάδ' εἶπε φωνήσας·
« Εἰς ταῦτα μέντοι μὴ πονῶν ἐτηρήθης·
ὁ νέος παρέρπεις τὸν γέροντα, καὶ θύῃ,
καί σου τένοντα πέλεκυς, οὐ ζυγὸς τρίψει. »

36. LE CHÊNE ET LE ROSEAU.

Le vent déracina un chêne de la montagne, et l'abandonna au courant d'un fleuve; les flots agités emportaient ce gigantesque tronc contemporain des anciens hommes. Sur les deux rives, de nombreux roseaux buvaient l'onde limpide. Le chêne s'étonnait qu'une plante si délicate et si frêle ne fût pas tombée, tandis que lui, arbre superbe, avait été arraché. Un roseau lui dit fort sagement : « Pourquoi cette surprise ? Tu as lutté contre le vent, et tu as succombé; plus modestes, nous plions docilement au moindre souffle qui vient agiter nos têtes. »

Ainsi parla le roseau. Cette fable nous apprend qu'il vaut mieux céder aux puissants que leur résister.

37. LE VEAU ET LE BOEUF.

Un veau, encore vierge du joug, errait en liberté dans les champs; il vit un bœuf qui traînait péniblement la charrue : « Infortuné, lui dit-il, que de mal tu te donnes! » Celui-ci, sans rien dire, poursuivit son sillon. A quelque temps de là, les villageois allaient faire un sacrifice; on détacha le vieux serviteur, et on l'envoya au pâturage; mais le veau, jusque là si ménagé, fut traîné, les cornes entourées de jonc, à l'autel qu'il allait arroser de son sang. Le bœuf lui dit alors : « Voilà pourquoi on t'épargnait les fatigues; jeune, tu devances le vieillard, et tu es immolé; ton cou n'a pas senti le joug, il sentira la hache. »

ΛΗʹ. ΠΕΥΚΗ.

Δρυτόμοι τινὲς σχίσαντες ἀγρίην πεύκην,
ἐνεῖραν αὐτῇ σφῆνας, ὡς διασταίη,
γένοιτό τ' αὐτοῖς ὁ πόνος ὕστερον ῥάων.
Πεύκη στένουσα, « Πῶς ἄν, » εἶπε, « μεμφοίμην
τὸν πέλεκυν, ὅς μου μὴ προσῆκε[1] τῇ ῥίζῃ,
ὡς τοὺς κακίστους σφῆνας, ὧν ἐγὼ μήτηρ;
ἄλλος γὰρ ἄλλῃ μ' ἐμπεσὼν διαῤῥήσσει. »
[Ὁ μῦθος ἡμῖν τοῦτο πᾶσι μηνύει,
ὡς οὐδὲν οὕτω δεινὸν ἂν πρὸς ἀνθρώπων
πάθοις τι τῶν ἔξωθεν, ὡς ὑπ' οἰκείων.]

ΛΘʹ. ΔΕΛΦΙΝΕΣ ΚΑΙ ΚΑΡΚΙΝΟΣ.

Δελφῖνες αἰεὶ διεφέροντο φαλαίναις.
Τούτοις παρῆλθε[1] καρκίνος μεσιτεύων·
ὡς εἴ τις ὢν ἄδοξος ἐν πολιτείαις
στάσιν τυράννων μαχομένων εἰρηνεύοι.

Μʹ. ΚΑΜΗΛΟΣ.

Διέβαινε ποταμὸν ὀξὺν ὄντα τῷ ῥείθρῳ
κυρτὴ κάμηλος, εἶτ' ἔχεζε. Τοῦ δ' ὄνθου
φθάνοντος αὐτήν, εἶπεν· « Ἦ κακῶς πράττω·
ἔμπροσθεν ἤδη τἀξόπισθε μου βαίνει. »
[Πόλις ἄν τις εἴποι τὸν λόγον τὸν Αἰσώπου,
ἧς ἔσχατοι κρατοῦσιν ἀντὶ τῶν πρώτων.]

ΜΓʹ. ΣΑΥΡΑ.

Διαῤῥαγῆναί φασιν ἐκ μέσου νώτου
δράκοντι μῆκος ἐξισουμένην[1] σαύραν.
Βλάψεις σεαυτόν, κοὐδὲν ἄλλο ποιήσεις,
ἂν τόν γε λίαν ὑπερέχοντα μιμήσῃ.

---

38. LE PIN.

Des bûcherons fendaient un pin dans la forêt; ils y enfoncèrent des coins pour le tenir entr'ouvert et rendre la besogne plus facile. L'arbre gémit et dit : « Qu'ai-je à reprocher à la hache? Elle n'est pour moi qu'une étrangère; mais j'ai nourri de mes sucs ces méchants coins, qui à l'envi me pénètrent et me déchirent. »

Cette fable nous montre que les outrages nous sont bien moins sensibles venant des étrangers que de nos proches.

39. LES DAUPHINS ET LE CANCRE.

Les dauphins étaient en démêlés perpétuels avec les baleines. Un cancre se porta médiateur. On dirait d'un citoyen obscur de l'État qui prétendrait terminer la discorde et les querelles des grands.

40. LE CHAMEAU.

Un chameau bossu traversait un fleuve rapide; il y fienta, et comme le courant emportait les crottins en avant, il dit : « Me voilà bien! ce qui tantôt était derrière moi passe maintenant devant. »

Certaines villes où les derniers citoyens gouvernent et ont le pas sur les plus dignes, pourraient s'appliquer cette fable d'Ésope.

41. LE LÉZARD.

On raconte qu'un lézard, qui voulait égaler un serpent en grosseur, se fit crever en deux.

Tu te perdras toujours en cherchant à imiter celui qui te surpasse de si loin.

ΜΒʹ. ΚΥΩΝ ΚΑΙ ΜΑΓΕΙΡΟΣ.

Δεῖπνόν τις εἶχε λαμπρὸν ἐν πόλει θύσας.
Ὁ κύων δὲ τούτου κυνὶ φίλῳ συναντήσας,
ἐλθεῖν πρὸς αὐτὸν ἐπὶ τὸ δεῖπνον ἠρώτα.
Κἀκεῖνος ἦλθε. Τὸν δὲ τοῦ σκέλους ἄρας
ὁ μάγειρος ἐκτὸς ἐξέριψε τοῦ τοίχου
εἰς τὴν ἀγυιάν. Τῶν κυνῶν δ' ἐρωτώντων
ὅπως ἐδείπνησ', εἶπε· « Πῶς γὰρ ἂν κρεῖσσον[1],
ὅς οὐδὲ ποίαν ἀναλύειν με γινώσκω; »

ΜΓʹ. ΕΛΑΦΟΣ ΚΑΙ ΚΥΝΗΓΕΤΑΙ.

Ἔλαφος κεράστης ὑπὸ τὸ καῦμα[1] διψήσας
λίμνης ὕδωρ ἔπινεν ἡσυχαζούσης.
Ἐκεῖ δ' ἑαυτοῦ τὴν σκιὴν θεωρήσας,
χηλῆς μὲν ἕνεκα καὶ ποδῶν ἐλυπήθη,
ἐπὶ τοῖς δὲ κέρασιν ὡς καλοῖς ἄγαν ηὔχει.
Παρῆν δὲ Νέμεσις, ἣ τὰ γαῦρα πημαίνει.
Κυνηγέτας γὰρ ἄνδρας εἶδεν ἐξαίφνης
ὁμοῦ[2] σαγήναις καὶ σκύλαξιν εὐρίνοις·
ἰδὼν δ' ἔφευγε, δίψαν οὐδέπω παύσας,
καὶ μακρὸν ἐπέρα πεδίον ἴχνεσιν κούφοις.
Ἐπεὶ δὲ δὴ σύνδενδρον ἦλθεν εἰς ὕλην
κέρατα θάμνοις ἐμπλακεὶς ἐθηρεύθη.
Καὶ ταῦτ' ἔφη· « Δύστηνος, ὡς διεψεύσθην·
οἱ γὰρ πόδες μ' ἔσῳζον, οἷς ἐπῃδούμην·
τὰ κέρατα δὲ προὔδωκεν, οἷς ἐγαυρούμην[3]. »
[Περὶ τῶν σεαυτοῦ πραγμάτων ὅταν κρίνῃς,
μηδὲν βέβαιον ὑπολάβῃς, προγινώσκων[4],
μηδ' αὖτ' ἀπογνῷς, μηδ' ἀπελπίσῃς· οὕτω
σφάλλουσιν ἡμᾶς ἐνίοθ' αἱ πεποιθήσεις.]

---

42. LE CHIEN ET LE CUISINIER.

Un citadin qui venait de faire un sacrifice donna un grand festin. Son chien, rencontrant un autre chien de ses amis, le pria à dîner; celui-ci y alla. Mais le cuisinier le prit par les deux pattes et le jeta dans la rue. Ses camarades lui demandaient comment il avait dîné : « On ne peut mieux, dit-il; je ne sais seulement pas par quel chemin je suis revenu. »

---

43. LE CERF ET LES CHASSEURS.

Un cerf de haute ramure, pressé par la soif, se désaltérait pendant le chaud du jour dans l'eau d'un étang tranquille; il y vit son image, et il eut honte de ses jambes et de ses pieds; mais il louait fort la beauté de son bois. Cependant Némésis, qui punit l'orgueil, n'était pas loin. Tout à coup il entend des chasseurs qui accouraient avec leurs toiles et leurs fins limiers; à leur vue, il s'enfuit, avant même d'avoir étanché sa soif, et, d'un pied léger, s'élance dans une vaste plaine. Au bout de sa course, il entre dans un bois épais, mais ses cornes s'embarrassent dans le taillis; on le prit sans peine. Alors il s'écria : « Hélas! comme je me suis trompé! mes pieds, que je méprisais, me sauvaient, et cette ramure dont j'étais si fier m'a perdu. »

Dans vos jugements sur vous-même, et dans vos prévisions, ne comptez trop sur rien; mais ne désespérez de rien non plus, et ne vous découragez point, tant quelquefois ce qui fait notre confiance peut nous trahir!

ΜΔ'. ΤΑΥΡΟΙ ΚΑΙ ΛΕΩΝ.

Ἐνέμοντο ταῦροι τρεῖς ἀεὶ μετ' ἀλλήλων.
Λέων δὲ τούτους συλλαβεῖν ἐφεδρεύων,
ὁμοῦ μὲν αὐτοὺς οὐκ ἔδοξε νικήσειν·
λόγοις δ' ὑπούλοις διαβολαῖς τε συγκρούων,
ἐχθροὺς ἐποίει, χωρίσας δ' ἀπ' ἀλλήλων,
ἕκαστον αὐτῶν ἔσχε ῥᾳδίαν θοίνην.
Ὅταν μάλιστα ζῆν θέλῃς ἀκινδύνως,
ἐχθροῖς ἀπίστει, τοὺς φίλους δ' ἀεὶ τήρει.

ΜΕ'. ΑΙΠΟΛΟΣ ΚΑΙ ΑΙΓΕΣ.

Ἔνιφεν ὁ Ζεύς[1]· αἰπόλος δέ τις φεύγων
εἰς ἄντρον εἰσήλαυνε τῶν ἀοικήτων
τὰς αἶγας ἀδρῇ χιόνι λευκανθιζούσας.
Εὑρὼν δ' ἐκεῖ τάχιον εἰσδεδυκυίας
αἶγας κερούχους ἀγρίας πολὺ πλείους
ὧν αὐτὸς ἦγε, μείζονάς τε καὶ κρείσσους,
ταῖς μὲν φέρων ἔβαλλε θαλλὸν ἐξ ὕλης,
τὰς δέ γ' ἰδίας ἀφῆκε μακρὰ[2] λιμώττειν.
Ὡς δ' ἠθρίασε, τὰς μὲν εὗρε τεθνώσας,
αἱ δ' οὐκ ἔμειναν, ἀλλ' ὀρῶν ἀβοσκήτων
ἀνέμβατον δρυμῶνα ποσσὶν ἠρεύνων.
Ὁ δ' αἰπόλος [γελάσας] ἦλθεν εἰς οἴκους,
αἰγῶν ἔρημος· ἐλπίσας δὲ τὰς κρείσσους,
οὐκ ὤνατ' οὐδ' ὧν αὐτὸς εἶχεν ἐκ πρώτης[3].

ΜϚ'. ΕΛΑΦΟΣ ΝΟΣΩΝ.

Ἔλαφος καθ' ὕλην γυῖα κοῦφα ναρκήσας,
ἔκειτο πεδίων[1] ἐν χλόῃ βαθυσχοίνῳ,
ἐξ ἧς ἕτοιμον[2] χιλὸν εἶχε πεινήσας.
Ἤρχοντο δ' ἀγέλαι ποικίλων ἐκεῖ[3] ζῴων

44. LES TAUREAUX ET LE LION.

Trois taureaux paissaient toujours de compagnie. Un lion qui guettait l'occasion de les prendre, vit bien qu'il n'en viendrait jamais à bout s'ils restaient ensemble ; il chercha donc à les animer les uns contre les autres par des calomnies et des propos perfides. Ils furent bientôt ennemis, et les ayant ainsi divisés, le lion ne trouva plus en chacun d'eux qu'une proie facile.

Savez-vous le meilleur moyen de vivre à l'abri des dangers ? méfiez-vous de vos ennemis, et conservez toujours vos amis.

45. LE CHEVRIER ET LES CHÈVRES.

Il neigeait ; un chevrier cherchait un abri dans un antre écarté, et y poussait ses chèvres toutes blanchies par la neige. Des chèvres sauvages, à belles cornes, s'y étaient déjà réfugiées en grand nombre ; elles étaient plus grandes et plus fortes que celles qu'il conduisait ; il alla chercher de jeunes branches dans la forêt, et les leur donna, laissant la faim tourmenter les siennes. Bientôt le ciel s'éclaircit : il trouva ses bêtes mortes ; les autres s'en allèrent et regagnèrent les bois inaccessibles et leurs montagnes sauvages. Le chevrier s'en revint chez lui sans chèvres : il en avait convoité de plus belles ; il ne conserva même pas celles qu'il avait.

46. LE CERF MALADE.

Un cerf, qui sentait ses pieds légers s'engourdir, gisait, au fond d'un bois, dans des herbes hautes et épaisses ; il avait là pour sa faim une pâture toute prête. Des animaux de toute espèce accouraient en foule visiter ce bon voisin. Aussitôt arrivé, chacun broutait de son

ἐπισκοπούντων· ἦν γὰρ ἀβλαβὴς γείτων.
Ἐλθὼν δ' ἕκαστος, τῆς πόης ἀποτρώγων[4],
ᾔει πρὸς ὕλας· [ὁ δὲ πενίῃ θνήσκει.]
Ἔλαφος δὲ λιμῷ, κοὐ νόσῳ, κατεσκλήκει[5],
μήπω κορώνην δευτέρην ἀναπλήσας[6],
ὃς εἰ φίλους οὐκ ἔσχε, κἂν γεγηράκει.

ΜΖ'. ΓΕΡΩΝ ΚΑΙ ΥΙΟΙ.

Ἐν τοῖς παλαιοῖς ἦν ἀνὴρ ὑπεργήρως·
εἶχεν δὲ πολλοὺς παῖδας· οἷς ἐπισκήπτων
(ἔμελλε γὰρ δὴ τὸν βίον τελευτήσειν),
ἐκέλευε λεπτῶν, εἴ τις ἐστί που, ῥάβδων
δέσμην ἐνεγκεῖν. Ἧκέ τις φέρων ταύτην.
« Πειρᾶσθε δή μοι, τέκνα, σὺν βίῃ πάσῃ,
ῥάβδους κατᾶξαι δεδεμένας σὺν ἀλλήλαις. »
Ὁ δ'[1] (οὐ γὰρ ἠδύναντο)· « Κατὰ μίην τοίνυν
πειρᾶσθ' ». Ἑκάστης δ' εὐχερῶς καταγείσης,
« Ὦ παῖδες, οὕτως, » εἶπεν, « ἂν μὲν ἀλλήλοις
ὁμοφρονῆτε πάντες, οὐδ' ἂν εἷς ὑμᾶς
βλάψαι δύναιτο, κἂν μέγιστον ἰσχύῃ·
ἢν δ' ἄλλος ἄλλου χωρὶς ἦτε τὴν γνώμην,
πείσεσθ' ἕκαστος ταὐτὰ τῇ μιῇ ῥάβδῳ. »
[Φιλαδελφία μέγιστον ἀγαθὸν ἀνθρώποις,
ἢ καὶ ταπεινοὺς ὄντας ἦρεν εἰς ὕψος.]

ΜΗ'. ΕΡΜΗΣ ΚΑΙ ΚΥΩΝ.

Ἐν ὁδῷ τις Ἑρμῆς τετράγωνος[1] εἱστήκει·
λίθων δ' ὑπ' αὐτῷ σωρὸς ἦν. Κύων τούτῳ
εἶπε προσελθών· « Χαῖρε πρῶτον, Ἑρμείη·
ἔπειτ' ἀλεῖψαι[2] βούλομαί σε, μηδ' οὕτω
θεὸν παρελθεῖν, καὶ θεὸν παλαιστρίτην. »
Ὁ δ' εἶπεν· « Ἂν μοι τοῦτο μὴ 'πιλιχμήσῃς

herbe, et rentrait dans les bois.... Le cerf mourut de faim plutôt que de maladie; il avait à peine vécu l'âge de deux corneilles : avec moins d'amis, il aurait pu devenir vieux.

---

47. LE LABOUREUR ET SES ENFANTS.

Au temps jadis vivait un vieillard, père de nombreux enfants; voulant leur donner une dernière leçon, car il sentait approcher sa fin, il leur commanda d'aller chercher un faisceau de petites baguettes. L'un d'eux l'apporta. « Mes enfants, dit-il, voyez à présent si vous romprez ces baguettes liées ensemble, et faites-y tous vos efforts. » Puis, comme ils ne le pouvaient pas : « Essayez donc de les briser une à une. » Chaque baguette se rompit aisément : « C'est ainsi, mes enfants, reprit le vieillard, que si vous savez rester unis, l'homme le plus puissant ne pourra rien contre vous; mais si vous vous éloignez les uns des autres, chacun de vous éprouvera le sort de la baguette. »

L'union fraternelle est pour les hommes un bien précieux ; elle peut élever les plus humbles.

---

48. L'HERMÈS ET LE CHIEN.

Sur une route était un Hermès quadrangulaire; il avait à ses pieds un tas de pierres. Un chien s'en approcha et lui dit : « Reçois d'abord mon salut, ô Mercure; je veux t'oindre ensuite, pour ne pas passer sans l'honorer devant un dieu, devant le dieu des lutteurs. » L'Hermès lui répondit : « Pourvu que tu ne me lappes pas mon huile

τοὔλαιον ἐλθών, μηδέ μοι προσουρήσῃς,
χάριν εἴσομαί σοι[3]· καὶ πλέον με μὴ τίμα. »

ΜΘ′. ΕΡΓΑΤΗΣ ΚΑΙ ΤΥΧΗ.

Ἐκάθευδε νύκτωρ ἐργάτης ὑπ' ἀγνοίης
φρέατος ἐγγύς. Τῆς Τύχης δ' ἐπιστάσης
ἔδοξ' ἀκούειν· « Οὗτος, οὐκ ἐγερθήσῃ;
μή σου πεσόντος αἰτίη παρ' ἀνθρώποις
ἐγὼ λέγωμαι, καὶ κακὴν λάβω φήμην.
Ἐμοὶ γὰρ ἐγκαλοῦσι πάντα συλλήβδην,
ὅσ' ἂν παρ' αὑτοῦ δυστυχῇ τις, ἢ πταίῃ. »

Ν′. ΑΛΩΠΗΞ ΚΑΙ ΔΡΥΤΟΜΟΣ.

Ἔφευγ' ἀλώπηξ· τῆς δ' ὄπισθε[1] φευγούσης
κυνηγὸς ἐτρόχαζεν. Ἡ δ' ἐκεκμήκει·
δρυτόμον δ' ἰδοῦσα, « Πρὸς θεῶν σε σωτήρων,
κρύψον με ταύταις αἷς ἔκοψας αἰγείροις,
καὶ τῷ κυνηγῷ, » φησί, « μή με μηνύσῃς. »
Ὁ δ' οὐ προδώσειν ὤμνυ'· ἡ δ' ἀπεκρύφθη.
Ἦλθεν κυνηγός, καὶ τὸν ἄνδρ' ἐπηρώτα,
μὴ[2] τῇδ' ἀλώπηξ καταδέδυκεν, ἢ φεύγει.
« Οὐκ εἶδον, » εἶπε· τῷ δὲ δακτύλῳ νεύων
τὸν τόπον ἐδείκνυ' οὗ πανοῦργος ἐκρύφθη.
Ὁ δ' οὐκ ἐπισχών[3], τῷ λόγῳ δὲ πιστεύσας,
παρῆλθε. Θερμοῦ[4] δ' ἐκφυγοῦσα κινδύνου,
κερδὼ παχείας ἐξέκυπτεν αἰγείρου[5],
σεσηρὸς αἰκάλλουσα. Τῇ δ' ὁ πρεσβύτης
« Ζωαγρίους μοι χάριτας, » εἶπεν, « ὀφλήσεις.
Ἐρρυσάμην σε, » φησίν· « ἀλλὰ μιμνήσκου. »
« Πῶς οὐκ ἄν[6], » εἶπεν, « ὧν γε μάρτυς εἱστήκειν;
Ἔρρωσο[7] τοίνυν, καὶ τὸν ὅρκον οὐ φεύξῃ.
Φωνῇ μ' ἔσωσας, δακτύλῳ δ' ἀπέκτεινας. »

et ne m'arroses point de ton urine, je te rendrai grâce, et te tiens quitte de tes honneurs. »

49. L'OUVRIER ET LA FORTUNE.

Un ouvrier s'était endormi la nuit par mégarde sur le bord d'un puits. Il lui sembla entendre la Fortune qui s'approchait et lui disait : « Holà! te réveilleras-tu? Veux-tu que les hommes me reprochent ta chute et me fassent une méchante réputation? Ils s'en prennent déjà à moi de tous les malheurs, de tous les accidents dont ils sont la seule cause. »

50. LE RENARD ET LE BUCHERON.

Un renard fuyait; un chasseur courait sur sa piste. L'animal était rendu; il avise un bûcheron et lui dit : « Au nom des dieux sauveurs, de grâce, cache-moi sous ces peupliers que tu viens d'abattre, et ne me dénonce pas au chasseur. » L'homme jura de ne le point trahir; l'autre se cacha. Arrive le chasseur, qui demande au bûcheron si un renard ne s'était pas réfugié dans cet endroit, ou s'il fuyait : « Je n'en ai point vu, » répondit-il, mais du doigt il indiqua le lieu où le matois s'était tapi. Le chasseur n'y prit pas garde, n'écouta que ses paroles et s'éloigna. Cependant le renard, remis d'une si chaude alarme, sortit de dessous les peupliers, agitant sa queue et grinçant des dents. « Tu me dois la vie, lui dit le vieillard, je t'ai sauvé, souviens-toi de moi. — Comment ne m'en souviendrais-je pas, reprit le renard : j'étais là, j'ai tout vu? Rassure-toi donc, tu n'échapperas pas à la peine du parjure. Ta langue m'a sauvé quand ton doigt m'assassinait. »

[Σοφὸν τὸ θεῖον κἀπλάνητον· οὐδ' ἄν τις
λαθεῖν ἐπιορκῶν προσδοκᾷ, δίκην φεύγει.]

ΝΑ'. ΧΗΡΑ ΚΑΙ ΠΡΟΒΑΤΟΝ.

Ἐν τῷ ποτ' οἴκῳ πρόβατον εἶχέ τις χήρη.
Θέλουσα δ' αὐτοῦ τὸν πόκον λαβεῖν μείζω,
ἔκειρεν ἀτέχνως, τῆς τε σαρκὸς οὐ πόρρω
τὸν μαλλὸν ἐψάλιζεν, ὥστε τιτρώσκειν.
Ἀλγοῦν δὲ πρόβατον, εἶπε· « Μή με λυμαίνου·
πόσην γὰρ ὁλκὴν τοὐμὸν αἷμα προσθήσει;
Ἀλλ' εἰ κρεῶν, δέσποινα, τῶν ἐμῶν χρήζεις,
ἔστιν μάγειρος, ὅς με συντόμως θύσει·
εἰ δ' εἰρίων πόκου τε, κοὐ κρεῶν, χρήζεις,
πάλιν ἔστι κουρεύς, ὃς κερεῖ με καὶ σώσει. »

ΝΒ'. ΒΟΗΛΑΤΗΣ ΚΑΙ ΑΜΑΞΑ.

Εἰς ἄστυ τετράκυκλον ἄῤῥενες[1] ταῦροι
ἅμαξαν ὤμοις εἷλκον. Ἡ δ' ἐτετρίγει,
καὶ τὸν βοώτην θυμὸς εἶχε. Τῇ δ' οὕτως,
ἐγγὺς προσελθών, εἶπεν ὡς ἀκουσθῆναι·
« Ὦ παγκάκιστον κτημάτων, τί δὴ κρώζεις,
ἄλλων ἐπ' ὤμοις φερομένη σιωπώντων; »
  Κακοῦ πρὸς[2] ἀνδρός ἐστι μακρὸν οἰμώζειν
ἄλλων πονούντων, ὥσπερ αὐτὸς εἰ κάμνοι.

ΝΓ'. ΛΥΚΟΣ ΚΑΙ ΑΛΩΠΗΞ.

Εἰς λύκον ἀλώπηξ ἐμπεσοῦσα δειλαίη,
ζωγρεῖν ἐδεῖτο, μηδὲ γραῦν ἀποκτείνειν.
Ὁ δ', « Ἂν λόγους μοι τρεῖς ἀληθινοὺς εἴπῃς,
ἐγώ σε, νὴ τὸν Πᾶνα, » φησί, « ζωγρήσω. »

Les dieux sont clairvoyants et ne se laissent point tromper; les parjures ne peuvent espérer de se dérober à leur justice.

51. LA VEUVE ET LA BREBIS.

Une veuve possédait une brebis dans sa maison. Pour en avoir de plus longue laine, elle la tondait si maladroitement, et coupait si près de la peau, qu'elle l'entamait. N'en pouvant plus, la brebis lui dit : « Ne me fais point de mal; de combien mon sang rendra-t-il ta laine plus pesante? Si tu as besoin, maîtresse, de ma chair, il y a le boucher, qui me tuera d'un coup; mais si c'est ma laine et ma toison qu'il te faut, il y a le tondeur, qui me tondra du moins sans m'écorcher. »

52. LE BOUVIER ET LE CHAR.

Traîné par les épaules de vigoureux taureaux, un char roulait sur ses quatre roues vers la ville. La voiture criait, le bouvier en prit de l'humeur, s'approcha et dit de façon à se faire entendre : « Oh! la détestable machine, pourquoi tout ce bruit, quand ceux qui te portent sur leurs épaules se taisent? »

Les lâches, quand ils voient travailler les autres, sont toujours à gémir bien haut, comme s'ils avaient toute la peine.

53. LE LOUP ET LE RENARD.

Un renard s'étant par malheur jeté sous la patte d'un loup, le conjurait de lui laisser la vie sauve et d'épargner un vieillard. « Dis-moi trois paroles de vérité, répondit le loup, et de par Pan je te fais

Ἡ δ', « Εἴθε μέν μοι πρῶτα μὴ συνηντήκοις·
ἔπειτα δ', εἴθε τυφλὸς ὢν ὑπηντήκοις[1]·
τρίτον δ' ἐπ' αὐτοῖς, » εἶπε, « μὴ σύγ' εἰς ὥρας[2]
ἵκοιο, μηδέ μοι πάλιν συναντήσαις. »

ΝΔʹ. ΒΟΥΣ ΚΑΙ ΟΝΟΣ.

Ἕνα βοῦν τις εἶχε· τὴν ὄνον δὲ συζεύξας,
ἠροτρία, πτωχῶς μέν, ἀλλ' ἀναγκαίως.
Ἐπεὶ δὲ τοὔργον ἐτετέλεστο καὶ λύειν
ἔμελλεν αὐτούς, ἥ τ' ὄνος διηρώτα
τὸν βοῦν, « Τίς ἄξει τῷ γέροντι τὰ σκεύη; »
ὁ βοῦς πρὸς αὐτὴν εἶπεν· « Ὥσπερ εἰώθει. »

ΝΕʹ. ΖΕΥΣ ΚΑΙ ΠΙΘΗΚΟΣ.

Εὐτεκνίης ἔπαθλα πᾶσι τοῖς ζῴοις
ὁ Ζεὺς ἔθηκε· πάντα δ' ἔβλεπε κρίνων.
Ἦλθεν δὲ καὶ πίθηκος ὡς καλὴ[1] μήτηρ,
πίθωνα γυμνόν, σιμόν, ἠρμένη κόλποις.
Γέλως δ' ἐπ' αὐτῷ τοῖς θεοῖς ἐκινήθη.
Ἡ δ' εἶπεν οὕτω· « Ζεὺς μὲν οἶδε τὴν νίκην[2]·
ἐμοὶ δὲ πάντων οὗτός ἐστι καλλίων. »
Ὁ λόγος δοκεῖ μοι πᾶσι τοῦτο σημαίνειν,
τὸν αὐτὸς αὑτοῦ[3] πᾶς τις εὐπρεπῆ κρίνει.

ΝϚʹ. ΕΡΜΟΥ ΑΜΑΞΑ ΚΑΙ ΑΡΑΒΕΣ.

Ἑρμῆς ἅμαξαν ψευσμάτων τε πληρώσας
ἀπάτης τε πολλῆς καὶ πανουργίης πάσης,
ἤλαυνε διὰ γῆς, ἄλλο φῦλον ἐξ ἄλλου
σχέδην ἀμείβων καὶ μέρος τι τῶν ῥώπων
νέμων ἑκάστῳ μικρόν. Ὡς δὲ τῷ χώρῳ
τῷ τῶν Ἀράβων ἐπῆλθε καὶ διεξῄει,

merci. » Alors le renard : « Puissé-je d'abord ne t'avoir pas rencontré! Puissé-je ensuite n'avoir rencontré qu'un loup aveugle! Enfin, puisses-tu ne pas vivre vieux, et ne plus jamais me rencontrer! »

---

54. LE BOEUF ET L'ANESSE.

Un homme ne possédait qu'un bœuf; il l'attela un jour avec une ânesse, et laboura ainsi misérablement, mais il ne pouvait mieux. Au bout de la journée, l'homme allait dételer, et l'ânesse demanda au bœuf : « Qui ramènera chez le vieillard les instruments de labour? — Celui qui en a l'habitude, » répondit le bœuf.

---

55. JUPITER ET LA GUENON.

Jupiter avait promis un prix à celui de tous les animaux qui montrerait les plus beaux enfants; avant de se décider, il les passait tous en revue. La guenon se présenta aussi, se croyant une heureuse mère, et portant dans ses bras un petit singe tout pelé et tout camus. A cette vue, les dieux éclatèrent de rire. Mais la guenon : « Jupiter, dit-elle, sait à qui donner le prix; mais à mes yeux, voici le plus beau de tous. »

Cette fable nous fait bien voir qu'on trouve toujours ses enfants assez beaux.

---

56. LE CHAR DE MERCURE ET LES ARABES.

Mercure emplit un char de mensonges, de tromperies et de fourberies de toute espèce, puis il le promena par toute la terre, allant de peuple en peuple, et distribuant à chacun une petite part de sa provision. Arrivé chez les Arabes, il traversait leur pays, quand tout à coup son char se brisa et s'arrêta. Les Arabes, croyant qu'il renfer-

λέγουσιν αὐτοῦ συντριβεῖσαν ἐξαίφνης
ἐπισταθῆναι τὴν ἅμαξαν. Οἱ δ', ὥσπερ[1]
πολύτιμον ἁρπάζοντες ἐμπόρου φόρτον,
ἐκένωσαν αὐτήν, οὐδ' ἀφῆκαν εἰς ἄλλους
ἔτι προελθεῖν γῆν πολοῦντας ἀνθρώπους.
Ἐντεῦθεν Ἄραβές εἰσιν, ὡς ἐπειράθην,
ψεῦσταί τε καὶ γόητες, ὧν ἐπὶ γλώσσης
οὐδὲν κάθηται[2] ῥῆμα τῆς ἀληθείης.

ΝΖ'. ΔΙΟΣ ΠΙΘΟΣ.

Ζεὺς ἐν πίθῳ τὰ χρηστὰ πάντα συλλέξας,
ἔθηκεν αὐτὸν πωμάσας παρ' ἀνθρώπῳ.
Ὁ δ' ἀκρατὴς ἄνθρωπος εἰδέναι σπεύδων
τί ποτ' ἦν ἐν αὐτῷ, καὶ τὸ πῶμα κινήσας,
διῆκ' ἀπελθεῖν αὐτὰ πρὸς θεῶν οἴκους,
κἀκεῖ πέτεσθαι[1], τῆς τε γῆς ἄνω φεύγειν.
Μόνη δ' ἔμεινεν Ἐλπίς, ἣν κατειλήφει
τεθὲν τὸ πῶμα. Τοιγὰρ Ἐλπὶς ἀνθρώποις
μόνη σύνεστι, τῶν πεφευγότων ἡμᾶς
ἀγαθῶν ἕκαστον ἐγγυωμένη δώσειν.

ΝΗ'. ΖΕΥΣ, ΠΟΣΕΙΔΩΝ, ΑΘΗΝΑ ΚΑΙ ΜΩΜΟΣ.

Ζεὺς καὶ Ποσειδῶν, φασί, καὶ τρίτη τούτοις[1]
ἤριζ' Ἀθηνᾶ, τίς καλόν τι ποιήσει.
Ποιεῖ μὲν ὁ Ζεὺς ἐκπρεπέστατον ζῴων
ἄνθρωπον· ἡ δὲ Παλλὰς οἶκον ἀνθρώποις·
ὁ δ' αὖ Ποσειδῶν ταῦρον. Ἡρέθη τούτοις
κριτὴς ὁ Μῶμος· ἔτι γὰρ[2] ἐν θεοῖς ᾤκει.
Κἀκεῖνος, ὡς πέφυκε, πάντας ἐχθραίνων,
πρῶτον μὲν εὐθὺς ἔψεγεν τὸ[3] τοῦ ταύρου,
τῶν ὀμμάτων τὰ κέρατα μὴ κάτω κεῖσθαι,
ὡς ἂν[4] βλέπων ἔτυπτε· τοῦ δέ γ' ἀνθρώπου,

mait les marchandises d'un riche trafiquant, se jetèrent dessus, le pillèrent et l'empêchèrent d'aller chez les autres peuples. Depuis ce temps, j'en ai fait l'expérience, les Arabes sont fourbes et menteurs; il n'y a pas sur leur langue un seul mot de vérité.

---

57. LE TONNEAU DE JUPITER.

Jupiter un jour rassembla tous les biens dans un tonneau, et, bien fermé, il le déposa chez un homme. Le curieux, impatient de connaître le contenu, soulève le couvercle, et les biens de prendre leur volée loin de ce bas-monde, vers les demeures des dieux. L'Espérance seule resta; le tonneau avait été refermé à temps. C'est ainsi qu'elle devint l'unique richesse de l'homme, promettant à chacun de nous les biens qui nous ont fuis pour toujours.

---

58. JUPITER, NEPTUNE, MINERVE ET MOMUS.

On raconte que Jupiter, Neptune et Minerve disputèrent à qui des trois créerait le plus bel ouvrage. Jupiter donna l'être au plus parfait des animaux, à l'homme; Pallas lui construisit une habitation; Neptune fit le taureau. Ils choisirent Momus pour juge, car il habitait encore parmi les dieux. Momus, toujours envieux de son naturel, se mit à tout reprendre : le taureau devait avoir les cornes au-dessous des yeux, afin qu'il vît où frapper; il fallait ouvrir une fenêtre à la poitrine de l'homme pour qu'on pût pénétrer ce qu'il tramait

μὴ σχεῖν θυρωτὰ μηδ' ἀνοικτὰ τὰ στήθη,
ὡς ἂν βλέποιτο[5] τὸν πέλας τί βουλεύοι·
τῆς οἰκίης δέ, μὴ τροχοὺς σιδηρείους
ἐν τοῖς θεμείλοις γεγονέναι, [6] τόπους ἄλλους
συνεξαμείβειν δεσπόταισιν ἐκδήμοις.
Τί οὖν ὁ μῦθός φησιν ἐν διηγήσει[7];
Πειρῶ τι ποιεῖν, τὸν φθόνον δὲ μὴ κρίνειν[8].
Ἀρεστὸν ἁπλῶς οὐδέν ἐστι τῷ Μώμῳ.

ΝΘʹ. ΜΥΣ ΠΕΣΩΝ ΕΝ ΧΥΤΡᾼ.

Ζωμοῦ χύτρῃ μῦς ἐμπεσὼν ἀπωμάστῳ,
καὶ τῷ λίπει πνιγόμενος ἐκπνέων τ' ἤδη,
« Βέβρωκα, » φησί, « καὶ πέπωκα, καὶ πάσης
τρυφῆς πέπλησμαι[1]· καιρός ἐστί μοι θνήσκειν. »
[Τότ' ἂν λίχνος γένοιο μῦς ἐν ἀνθρώποις,
ἂν τὸ καταβλάπτον ἡδὺ μὴ παραιτήσῃ.]

Ξʹ. ΚΥΝΗΓΟΣ ΚΑΙ ΑΛΙΕΥΣ.

Ἤει κυνηγὸς ἐξ ὄρους κυνηγήσας,
ἤει δὲ γριπεὺς κύρτον ἰχθύων πλήσας.
Καί πως συνηβόλησαν οἱ δύ' ἀλλήλοις·
χὠ μὲν κυνηγὸς ἰχθύων ἁλιπλώτων,
θήρην δ' ὁ γριπεὺς ἠρέτιζεν ἀγρείην·
τά τ' εἶχον ἀντέδωκαν. Εἶτα τὴν θήρην
ἤμειβον ἀεί, δεῖπνα δ' εἶχον ἡδίω,
ἕως τις αὐτοῖς εἶπεν· « Ἀλλὰ καὶ τούτων
τὸ χρηστὸν ἐξολεῖτε τῇ συνηθείῃ,
πάλιν δ' ἕκαστος ἃ πρὶν εἶχε ζητήσει. »

ΞΑʹ. ΗΜΙΟΝΟΣ.

Ἡμίονος ἀργὴς[1] χιλὸν ἐσθίων φάτνης,
καὶ κριθιάσας, ἐτρόχαζε κἀφώνει,

contre son semblable ; la maison devait reposer sur des roues de fer afin de suivre son maître et de changer de place avec lui.

Que nous dit la fable dans ce récit ? Inventez, faites vos efforts, mais méprisez les critiques de l'envie. Rien absolument ne plaît à Momus.

---

59. LA SOURIS TOMBÉE DANS UNE MARMITE.

Une souris se laissa choir dans une marmite découverte et pleine de sauce ; étouffant dans la graisse, et près d'expirer elle dit : « J'ai bien mangé, j'ai bien bu, je me suis gorgée de délices ; il est temps que je meure. »

Homme, tu finiras comme cette souris gloutonne, si tu ne sais pas renoncer à de funestes douceurs.

---

60. LE CHASSEUR ET LE PÊCHEUR.

Un chasseur descendait de la montagne après la chasse ; un pêcheur revenait aussi avec une nasse pleine de poissons. Ils se rencontrèrent. Le chasseur eut envie du poisson ; le pêcheur, du gibier. Nos hommes troquèrent. Depuis, ils échangèrent chaque jour leur prise, et firent de fort agréables repas, jusqu'à ce qu'un quidam leur dit : « L'habitude ôtera à cet échange tout son avantage, et vous retournerez tous deux à votre ancienne nourriture. »

---

61. LE MULET.

Un mulet, nourri sans rien faire à un bon râtelier, et bien repu d'orge, courait de côté et d'autre et criait en agitant sa tête : « Une

τένοντα σείων· « Ἵππος ἐστί μοι μήτηρ·
ἐγὼ δ' ἐκείνης οὐδὲν ἐν δρόμοις ἥττων. »
Ἄφνω δ' ἔπαυσε τὸν δρόμον κατηφήσας·
ὄνου γὰρ εὐθὺς πατρὸς ὢν ἀνεμνήσθη.

ΞΒ'. ΗΡΩΣ.

Ἦν τις κατ' οἴκους ἀνδρὸς εὐσεβοῦς ἥρως
ἔχων ἐν αὐλῇ[1] τέμενος. Ἔνθα δὴ θύων
στέφων τε βωμοὺς καὶ καταβρέχων οἴνῳ,
προσηύχετ' ἀεί· « Χαῖρε, φίλταθ' ἡρώων,
καὶ τὸν σύνοικον ἀγαθὰ δαψιλῆ ποίει. »
Κἀκεῖνος αὐτῷ νυκτὸς ἐν μέσαις ὥραις,
« Ἀγαθῶν μέν, » εἶπεν, « οὐδὲν ἄν τις ἡρώων,
ὦ τᾶν, παράσχοι· ταῦτα τοὺς θεοὺς αἴτει·
κακῶν δὲ πάντων, ἅ γε σύνεστιν ἀνθρώποις,
δοτῆρες ἡμεῖς. Τοιγὰρ εἰ κακῶν χρήζεις,
εὔχου· παρέξω πολλά, κἂν ἓν αἰτήσῃς.
Πρὸς ταῦτα[2] λοιπὸν αὐτὸς οἶδας[3] εἰ θύσεις. »

ΞΓ'. ΕΛΑΤΗ ΚΑΙ ΒΑΤΟΣ.

Ἤριζον ἐλάτη καὶ βάτος πρὸς ἀλλήλας.
Ἐλάτης δ' ἑαυτὴν πολλαχῶς ἐπαινούσης·
« Καλή μέν εἰμι καὶ τὸ μέτρον εὐμήκης,
καί, τῶν νεφῶν σύνοικος, ὀρθίη φύω[1]·
στέγη τε μελάθρων εἰμί, καὶ τρόπις πλοίων,
δένδρων τοσούτων ἐκπρεπεστάτη πάντων· »
βάτος πρὸς αὐτὴν εἶπεν· « Ἢν λάβῃς μνήμην
τῶν πελέκεών τε τῶν ἀεί σε κοπτόντων,
τῶν πριόνων τε τῶν ἀεί σε τεμνόντων,
βάτος γενέσθαι καὶ σὺ μᾶλλον αἱρήσῃ. »
Ἅπας ὁ λαμπρὸς τῶν ἐλαττόνων μᾶλλον
καὶ δόξαν ἔσχε[2], χὐπέμεινε κινδύνους.

---

cavale est ma mère; je ne suis pas moins qu'elle rapide à la course. » Quand tout à coup il s'arrêta l'oreille basse : son père l'âne lui revenait en mémoire.

---

62. LE HÉROS.

Un homme pieux avait chez lui, au milieu de sa cour, une chapelle consacrée à un héros. Il y faisait sans cesse des sacrifices, parait les autels de guirlandes, les arrosait de vin, et fatiguait le héros de ses prières : « Salut! lui disait-il, ô le plus cher des héros! comble de tes bienfaits celui qui t'a logé dans sa maison. » L'autre lui apparut au milieu de la nuit : « Mon ami, les héros n'ont point de bien à faire; adresse-toi aux dieux : nous ne sommes que les dispensateurs de tous les fléaux qui affligent les mortels. Si ce sont des maux que tu désires, parle; pour un que tu demanderas, je t'en enverrai mille. Vois donc si tu veux encore me faire des sacrifices à l'avenir. »

---

63. LE SAPIN ET LA RONCE.

Le sapin et la ronce se disputaient un jour. Le sapin se donnait force louanges : « Je suis beau, disait-il, et de belle taille; je grandis sans me courber, et je suis voisin des nuages; je donne aux maisons leur toit, aux vaisseaux leur carène, moi qui suis le plus magnifique de tous les arbres. » La ronce lui répondit : « Si tu voulais te souvenir de la hache qui te frappe sans cesse, de la scie qui sans cesse te déchire, toi aussi tu envierais le sort de la ronce. »

Les grands hommes acquièrent plus de gloire, mais courent plus de dangers que le vulgaire.

ΞΔ'. ΓΕΡΑΝΟΣ ΚΑΙ ΤΑΩΣ.

Ἤριζε τεφρὴ γέρανος εὐφυεῖ ταῷ[1]
σείοντι χρυσᾶς πτέρυγας. « Ἀλλ' ἐγὼ ταύταις, »
ἡ γέρανος εἶπεν, « ὧν σὺ τὴν χρόην σκώπτεις,
ἄστρων σύνεγγυς ἵπταμαί τε καὶ κράζω.
Σὺ δ', ὡς ἀλέκτωρ, ταῖσδε ταῖς καταχρύσοις
χαμαὶ πτερύσσῃ, » φησίν, « οὐδ' ἄνω φαίνῃ. »
Θαυμαστὸς εἶναι σὺν τρίβωνι βουλοίμην,
ἢ ζῆν ἀδόξως πλουσίῃ σὺν ἐσθῆτι.

ΞΕ'. ΑΝΘΡΩΠΟΣ ΣΥΝ ΔΥΣΙ ΠΗΡΑΙΣ.

Θεῶν Προμηθεὺς ἦν τις, ἀλλὰ τῶν πρώτων.
Τοῦτον πλάσασθαί φασι[1] δεσπότην ζώων
ἄνθρωπον ἐκ γῆς. Ἐκ δὲ τοῦ[2] δύω πήρας
κρεμάσαι φέροντά φασι τῶν ἐν ἀνθρώποις
κακῶν γεμούσας, τὴν πρόσω μὲν ὀθνείων,
ἰδίων δὲ τὴν ὄπισθεν, ἥτις ἦν μείζων.
Διό μοι δοκοῦσι συμφορὰς μὲν ἀλλήλων
βλέπειν ἀκριβῶς, ἀγνοεῖν δὲ τὰς οἴκοι[3].

ΞϚ'. ΟΝΑΓΡΟΣ ΚΑΙ ΛΕΩΝ.

Θήρης ὄναγρος καὶ λέων ἐκοινώνουν,
ἀλκῇ μὲν ὁ λέων, ὁ δ' ὄνος ἐν ποσὶ κρείσσων.
Ἐπεὶ δὲ λείην εἶχον ἄφθονον ζώων,
ὁ λέων μερίζει, καὶ τίθησι τρεῖς μοίρας.
Καί, « Τὴν μὲν αὐτός, » φησί, « λήψομαι πρῶτος·
βασιλεὺς γάρ εἰμι· λήψομαι δὲ κἀκείνην,
ὡς ἐξ ἴσου κοινωνός· ἡ τρίτη δ' αὕτη
κακόν τι δώσει μὴ θέλοντί σοι φεύγειν. »
Μέτρει σεαυτόν· πρᾶγμα μηδὲν ἀνθρώπῳ
δυνατωτέρῳ σύναπτε μηδὲ κοινώνει.

---

64. LA GRUE ET LE PAON.

Une grue au plumage cendré se préférait à un beau paon, qui étalait devant elle ses plumes d'or : « Grâce à ces ailes dont tu méprises la couleur, disait la grue, je vole et je fais entendre ma voix près des astres. Mais toi, avec tout cet or, pareil au coq, tu rases la terre et ne te montres jamais là-haut. »

Mieux vaut la gloire et un manteau troué, qu'une vie sans honneur et de riches vêtements.

---

65. L'HOMME AUX DEUX BESACES.

Au nombre des anciens dieux était Prométhée. On raconte qu'il avait formé de terre l'homme, le maître des animaux. On dit encore qu'il remplit deux besaces de tous les vices de l'espèce humaine, et qu'il les suspendit à l'épaule de l'homme, celle de devant pour les défauts d'autrui, pour les siens, celle de derrière, et c'était de beaucoup la plus grande. C'est pour cela sans doute que les hommes sont si clairvoyants sur les vices des autres, et si aveugles sur les leurs.

---

66. L'ONAGRE ET LE LION.

Un onagre et un lion firent société pour la chasse; le lion était plus fort, l'onagre plus agile. Après avoir pris force gibier, le lion divisa le butin, en fit trois parts et dit : « Je prends pour moi la première en qualité de roi ; je prétends à la seconde, qui est ma part d'associé; et celle-ci te portera malheur, si tu ne fuis au plus vite. »

Mesure tes forces ; n'entreprends rien en société d'un plus puissant que toi.

ΞΖ'. ΑΠΟΛΛΩΝ ΚΑΙ ΖΕΥΣ.

Θεοῖς Ἀπόλλων ἔλεγε μακρὰ τοξεύων,
« Οὐκ ἂν βάλοι τις πλεῖον, οὐδὲ τοξεύσει[1]. »
Ὁ Ζεὺς δὲ παίζων ἠρίδαινε τῷ Φοίβῳ.
Ἑρμῆς δ' ἔσειεν Ἄρεος ἐν κυνῇ κλήρους[2]·
λαχὼν[3] δ' ὁ Φοῖβος, χρυσέην τε κυκλώσας
τόξοιο νευρήν, ὀξέως[4] ἀφεὶς πρῶτος,
τὸ βέλος ἔπηξεν ἐντὸς Ἑσπέρου Κήπου[5].
Ὁ Ζεὺς δέ, διαβὰς ταὐτὸ μέτρον, εἱστήκει,
καί, « Ποῦ βάλω, παῖ; » φησίν· « οὐκ ἔχω χώρην[6]. »
Τόξου δὲ νίκην ἔλαβε μηδὲ τοξεύσας.

ΞΗ'. ΛΑΓΩΟΣ ΚΑΙ ΚΥΩΝ.

Θάμνου λαγωὸν δασυπόδην ἀναστήσας
Κύων ἐδίωκεν, οὐκ ἄπειρος ἀγρεύειν·
δρόμῳ δ' ἐλείφθη. Καί τις αἰπόλος σκώπτων,
« Ὁ πηλίκος σου[1], » φησίν, « εὑρέθη θάσσων. »
Ὁ δ' εἶπεν· « Ἄλλως ἄλλον ἁρπάσαι σπεύδων
τρέχει τις, ἄλλως δ' αὐτὸν ἐκ κακοῦ σῴζων. »

ΞΘ'. ΘΕΩΝ ΓΑΜΟΙ.

Θεῶν γαμούντων, ὡς ἕκαστος ἐζεύχθη,
παρῆν ἐπιστὰς Πόλεμος ἐσχάτῳ κλήρῳ.
Ὕβριν δὲ γήμας, ἣν μόνην[1] κατειλήχει,
ταύτης περισσῶς, ὡς λέγουσιν, ἠράσθη·
ἕπεται δ' ἐπ' αὐτῇ πανταχοῦ βαδιζούσῃ.
[Μή γ' οὖν ἔθνη που, μὴ πόλεις τὰς ἀνθρώπων
ὕβρις ἐπέλθοι, προσγελῶσα τοῖς δήμοις,
ἐπεὶ μετ' αὐτὴν πόλεμος εὐθέως ἥξει.]

---

67. APOLLON ET JUPITER.

Apollon disait aux dieux, en lançant une flèche dans l'espace : « Personne ici ne se servirait mieux de l'arc et n'enverrait plus loin son trait. » Jupiter accepta en riant le défi de Phébus. Mercure agita les sorts dans le casque de Mars. Phébus sortit le premier, tendit la corde d'or de son arc, et décochant rapidement sa flèche, la fixa dans le Jardin d'Hespérus. Jupiter franchit d'un pas la même distance, puis s'arrêta, et dit : « Mon fils, où lancerai-je mon trait ? je n'ai plus de place. » Et il remporta ainsi la victoire, sans avoir même fait usage de son arc.

---

68. LE LIÈVRE ET LE CHIEN.

Un chien lança d'un taillis un lièvre aux pattes velues, et se mit à sa poursuite ; il était bon chasseur, mais il fut devancé par l'autre. Un chevrier lui dit d'un ton moqueur : « Ce petit animal s'est montré plus leste que toi. » Le Chien répondit : « On a d'autres jambes pour courir après un autre, ou pour se sauver soi-même. »

---

69. LES NOCES DES DIEUX.

Les dieux prenaient femme ; quand chacun fut pourvu, Polème se présenta et eut le dernier lot. Il épousa l'Injure, la seule qui restât encore, et en devint, dit-on, si éperdument amoureux, qu'il la suivait partout où elle allait.

Que l'injure n'approche donc point des cités des hommes et ne séduise pas les peuples, puisque la guerre y entre aussitôt après elle.

Ο'. ΓΕΩΡΓΟΣ ΚΑΙ ΘΑΛΑΣΣΑ.

Ἰδὼν γεωργὸς νῆα ναυτίλων πλήρη
βάπτουσαν ἤδη κῦμα κυρτὸν ἐκ πρῴρης[1],
« Ὦ πέλαγος, » εἶπεν, « εἴθε μήποτ' ἐπλεύσθης,
ἀνηλεὲς στοιχεῖον ἐχθρὸν ἀνθρώποις. »
Ἤκουσε δ' ἡ θάλασσα, καὶ γυναικείην
λαβοῦσα φωνήν, εἶπε· « Μή με βλασφήμει·
ἐγὼ γὰρ ὑμῖν οὐδὲν αἰτίη τούτων,
ἄνεμοι δὲ πάντες[2], ὧν ἐγὼ μέσῃ κεῖμαι.
Τούτων δὲ χωρὶς ἂν ἴδῃς με καὶ πλεύσῃς,
ἐρεῖς με τῆς σῆς ἠπιωτέρην γαίης. »
[Ὅτι πολλὰ χρηστὰ πράγμαθ' αἱ κακαὶ χρήσεις
τρέπουσιν εἰς τὸ χεῖρον, ὡς δοκεῖν φαῦλα.]

ΟΑ'. ΟΡΝΕΙΣ ΚΑΙ ΚΟΛΟΙΟΣ.

Ἰρίς ποτ' οὐράνοιο πορφυρῆ[1] κῆρυξ
πτηνοῖσι κάλλους εἶπεν ἐν θεῶν οἴκοις
ἀγῶνα κεῖσθαι. Πᾶσι δ' εὐθὺς ἠκούσθη,
καὶ πάντα θείων ἔσχεν ἵμερος δώρων.
Ἔσταζε πέτρης αἰγὶ δυσβάτου κρήνη,
καὶ θερινὸν[2] ὕδωρ καὶ διαυγὲς εἱστήκει.
Πάντων τ' ἐπ' αὐτὸ φῦλον ἦλθεν ὀρνίθων,
πρόσωπα δ' αὐτῶν ἐξέλουε καὶ κνήμας,
ἔσειε ταρσούς, ἐκτένιζε τὰς χαίτας[3].
Ἦλθεν δ' ἐκείνην καὶ κολοιὸς εἰς κρήνην
γέρων κορώνης υἱός· ἄλλο δ' ἐξ ἄλλου
πτερὸν καθύγρων ἐντὸς ἁρμόσας ὤμων,
μόνος τὰ πάντων[4] ποικίλως ἐκοσμήθη,
καὶ πρὸς θεοὺς ἤϊξεν αἰετοῦ κρείσσων.
Ὁ Ζεὺς δ' ἐθάμβει, καὶ παρεῖχε[5] τὴν νίκην,
εἰ μὴ χελιδὼν αὐτόν, ὡς Ἀθηναίη[6],
ἤλεγξεν, ἑλκύσασα τὸ πτερὸν πρώτη.

70. LE LABOUREUR ET LA MER.

Un laboureur voyant un navire couvert de matelots, et dont la proue s'enfonçait déjà dans les flots soulevés : « O mer ! dit-il, plût aux dieux que jamais vaisseau n'eût vogué sur ton élément impitoyable et ennemi des hommes ! » La mer l'entendit, et prenant une voix de femme : « Ne m'insulte point, répondit-elle ; je ne suis point la cause de ces malheurs, mais ces vents, qui de tous côtés m'entourent. Si tu me voyais, si tu naviguais tandis qu'ils ne soufflent pas, tu dirais que je suis plus douce encore que ta terre chérie. »

Un usage dépravé gâte souvent les meilleures choses, et les fait paraître mauvaises.

---

71. LES OISEAUX ET LE CHOUCAS.

Iris, la brillante messagère des dieux, annonça un jour aux oiseaux que dans les célestes demeures on allait disputer le prix de la beauté. Tous aussitôt l'entendirent, et tous souhaitèrent d'obtenir les présents des dieux. D'un rocher inaccessible aux chèvres même coulait une source dont l'eau douce tombait en nappe transparente. Tout le peuple des oiseaux s'y réunit, et chacun vint y laver son bec et ses pattes, secouer ses ailes et peigner ses plumes. Il s'y trouva aussi un choucas, vieux fils de la corneille ; il prit une plume à l'un, une plume à l'autre, et les accommoda à son corsage humide ; seul ainsi il se montra paré, aux dépens de tous les autres, des couleurs les plus variées, et plus fier qu'un aigle, il prit son vol vers l'Olympe. Jupiter, transporté d'admiration, allait lui décerner le prix, si une hirondelle, en vraie fille d'Athènes, ne fût venue confondre l'imposteur, et lui arracher la pre-

῾Ο δ' εἶπεν αὐτῇ· « Μή με συκοφαντήσῃς[7]. »
Τὸν δ' ἆρα τρυγὼν ἐσπάρασσε καὶ κίχλη,
καὶ κίσσα, καὶ κορυδαλὸς σὺν τάφοις[8] παίζων,
χὠ νηπίων ἔφεδρος ὀρνέων ἴρηξ,
τά τ' ἄλλ' ὁμοίως. Καὶ κολοιὸς ἐγνώσθη.
[Ὦ παῖ, σεαυτὸν κόσμον οἰκεῖον κόσμει·
ξένοις γὰρ ἐμπρέπων[9] στερηθήσῃ τούτων.]

ΟΒ'. ΙΚΤΙΝΟΣ.

Ἴκτινος ἄλλην[1] εἶχεν ὀξέην κλαγγήν·
ἵππου δ' ἀκούσας χρεμετίσαντος εὐφώνως,
μιμούμενος τὸν ἵππον, οὔτε τὴν κρείσσω
φωνὴν θελήσας ἔσχεν, οὔτε τὴν πρώτην.

ΟΓ'. ΑΝΘΡΩΠΟΣ, ΙΠΠΟΣ, ΒΟΥΣ ΚΑΙ ΚΥΩΝ.

Ἵππος τε καὶ βοῦς καὶ κύων ὑπὸ ψύχους
κάμνοντες ἦλθον οἰκίην ἐς ἀνθρώπου.
Κἀκεῖνος αὐτοῖς τὰς θύρας ἀναπλώσας,
παρῆγεν ἔνδον, καὶ παρ' ἑστίῃ θάλψας
πυρὸς γεμούσῃ, παρετίθει τι τῶν ὄντων[1],
κριθὰς μὲν ἵππῳ, λάθυρα δ' ἐργάτῃ ταύρῳ·
ὁ κύων γὰρ αὐτῷ συντράπεζος εἱστήκει.
Ξενίης δ' ἀμοιβὴν ἀντέδωκαν ἀνθρώπῳ,
μερίσαντες αὐτῷ τῶν ἐτῶν ἀφ' ὧν ἔζων·
ὁ μὲν ἵππος εὐθύ[2]· διόπερ ἐν χρόνοις [3]πρώτοις
ἕκαστος ἡμῶν γαῦρός ἐστι τὴν γνώμην·
ὁ δὲ βοῦς μετ' αὐτόν· διόπερ, εἰς μέσους[4] ἥκων,
μοχθεῖ, φίλεργός ἐστιν ὄλβον ἀθροίζων·
ὁ κύων δ' ἔδωκε, φασί, τοὺς τελευταίους.
Διὸ δυσκολαίνει, Βράγχε, πᾶς ὁ γηράσας,
καὶ τὸν διδόντα τὴν τροφὴν μόνον σαίνει,
ἀεὶ δ' ὑλακτεῖ, καὶ ξένοισιν οὐ χαίρει.

---

mière plume : « Ne me calomnie point, » s'écriait le choucas. Mais tous aussitôt d'accourir et de plumer le voleur, et, des premiers, la tourterelle, la grive, la pie, la huppe qui se joue sur les tombeaux, et le vautour qui guette les oiseaux imprudents. Le choucas fut reconnu.

Enfant, pare-toi de tes grâces naturelles ; si tu empruntes une parure étrangère, on t'en dépouillera.

---

72. LE MILAN.

Le milan avait jadis un tout autre cri, un cri perçant. Il entendit un jour le puissant hennissement du cheval, et voulut l'imiter ; mais il ne put ni se donner cette voix plus forte qu'il avait désirée ni retrouver la sienne.

---

73. L'HOMME, LE CHEVAL, LE BOEUF ET LE CHIEN.

Un cheval, un bœuf et un chien, transis par le froid, entrèrent dans la maison de l'homme. Celui-ci leur ouvrit sa porte, les reçut chez lui, et les réchauffa à son foyer près d'un bon feu ; puis il leur servit ce qu'il avait, de l'avoine au cheval, des vesces au bœuf laborieux ; le chien, il le fit asseoir à sa table. En retour de son hospitalité, ils cédèrent à l'homme une partie des années qu'ils avaient à vivre : le cheval fit le premier don ; voilà pourquoi chacun de nous, dans ses premières années, a le cœur rempli de fierté. Après ce fut le tour du bœuf, et c'est pour cela que dans le milieu de la vie l'homme prend de la peine, aime le travail et amasse des richesses. Le chien, dit-on, fit le dernier son présent ; de là vient, ô Branchus, que le vieillard est chagrin, ne caresse que ceux qui le nourrissent, gronde incessamment et fait mauvais accueil aux étrangers.

ΟΔ'. ΙΑΤΡΟΣ ΑΤΕΧΝΟΣ.

Ἰατρὸς ἦν ἄτεχνος. Οὗτος ἀῤῥώστῳ
πάντων λεγόντων, « Μὴ σὺ δέδιθι, σωθήσῃ·
πάθος μέν ἐστι χρόνιον, ἀλλ' ἔσῃ ῥάων[1]· »
ὁ δ'[2] ἄτεχνος ὧδ' ἰατρὸς εἶπεν εἰσβαίνων·
« Ἕτοιμα δεῖ σε πάντ' ἔχειν· ἀποθνήσκεις[3]·
οὐκ ἐξαπατῶ σε, » φησίν, « οὐδ' ἐνεδρεύω·
τὴν αὔριον γὰρ τό γ' ἄκρον[4] οὐχ ὑπερβήσῃ. »
Ταῦτ' εἶπε, καὶ τὸ λοιπὸν οὐκέτ' εἰσήει.
Χρόνῳ δ' ἐκεῖνος ἐκ νόσων ἀνασφήλας,
προῆλθεν ὠχρός, τοῖς ποσὶν μόλις βαίνων.
Ὁ δ' ἰατρὸς αὐτῷ, « Χαῖρ', » ἔφη συναντήσας·
καὶ πῶς ἔχουσιν οἱ κάτω διηρώτα.
Κἀκεῖνος εἶπεν· « Ἠρεμοῦσι, τῆς Λήθης
πιόντες. Ἡ Κόρη δὲ χὼ μέγας Πλούτων
πρῴην ἰατροῖς δεινὰ πᾶσιν ἠπείλουν
ἐπὶ τῷ θεραπεύειν τοὺς νοσοῦντας ἀνθρώπους,
ἀνέγραφον[5] δὲ πάντας· ἐν δὲ τοῖς πρώτοις
καὶ σὲ γράφειν ἔμελλον· ἀλλ' ἐγὼ δείσας
εὐθὺς προσῆλθον, ἡψάμην τε τῶν σκήπτρων[6],
κἀπώμοσ' αὐτοῖς ὅτι σὺ ταῖς ἀληθείαις
ἰατρὸς οὐκ εἶ, καὶ μάτην διεβλήθης. »

ΟΕ'. ΙΠΠΕΥΣ ΚΑΙ ΙΠΠΟΣ.

Ἱππεὺς τὸν ἵππον, ἄχρι μὲν συνειστήκει[1]
ὁ πόλεμος, ἐκρίθιζε κἄτρεφεν χόρτῳ,
παραστάτην γενναῖον ἐν μάχαις κρίνων·
ἐπεὶ δ' ἐπαύσατ', ἦν δὲ λοιπὸν εἰρήνη,
καὶ μισθὸν ἱππεὺς οὐκ ἔτ' εἶχεν ἐκ δήμου[2],
τότ' ἐκεῖνος ἵππος πολλάκις μὲν ἐξ ὕλης
κορμοὺς παχεῖς κατῆγεν εἰς πόλιν βαίνων,
μισθῷ τε φόρτον ἔφερεν ἄλλοτ' ἀλλοῖον,

74. LE MÉDECIN IGNORANT.

Il y avait un médecin fort ignorant. Tandis que ses confrères répétaient à un malade : « Sois sans inquiétude, tu t'en retireras; la maladie sera longue, mais la guérison est sûre, » notre ignorant entra et dit : « Tiens-toi prêt, tu vas mourir; je ne te trompe pas et ne te cache rien; tu ne passeras pas au plus la journée de demain. » Après cette belle sentence il partit et ne revint plus. Cependant le malade avec le temps se rétablit; un jour qu'il sortait tout pâle encore et se soutenant à peine sur ses jambes, il rencontra le médecin qui l'aborda : « Bonjour, lui cria-t-il, comment se porte-t-on chez les morts? » L'autre répondit : « On y boit tranquillement les eaux du Léthé. Mais l'autre jour Proserpine et le grand Pluton faisaient de terribles menaces contre tous ces gens qui guérissent les malades, et en prenaient note. Ils allaient te mettre en tête; je tremblai pour toi, et, m'approchant aussitôt, je touche leur sceptre, et je leur jure que tu n'étais pas médecin le moins du monde, et qu'on t'avait calomnié. »

---

75. LE CAVALIER ET LE CHEVAL.

Un cavalier, tant que dura la guerre, donnait à son cheval large pitance d'avoine et de foin, trouvant en lui dans les combats un vaillant compagnon. La campagne terminée et la paix revenue, le cavalier ne recevait plus de solde du peuple; le cheval alors allait à chaque instant de la forêt à la ville, traînant de gros troncs d'arbre; on le louait pour porter des fardeaux de côté et d'autre; il soutenait à

τὸ πνεῦμα σῴζων ἐπ'[3] ἀχύροισι δυστήνοις,
σάγην τε νώτοις ἔφερεν, οὐκέθ' ἱππείην.
Ὡς δ' αὖ πρὸ τειχῶν πόλεμος ἄλλος ἠκούσθη,
σάλπιγξ τ' ἐφώνει πᾶσιν ἀσπίδα σμήχειν,
ἵππους τε κοσμεῖν καὶ σίδηρον ὀξύνειν,
κἀκεῖνος αὖ τὸν ἵππον ἐγχαλινώσας
ὁ δεσπότης[4] παρῆγεν, ὡς ἐφιππεύσων.
Ὁ δ' ὀκλάσας[5] ἔπιπτεν οὐκέτ' ἰσχύων.
« Ἔντασσε πεζοῖς σαυτόν, » εἶπεν, « ὁπλίταις·
σὺ γάρ μ' ἀφ' ἵππων εἰς ὄνους μεταστήσας,
πῶς αὖτις ἵππον ἐξ ὄνου με ποιήσεις; »

ΟϚ'. ΚΟΡΑΞ ΚΑΙ ΑΛΩΠΗΞ.

Κόραξ δεδηχὼς στόματι τυρὸν εἱστήκει·
τυροῦ δ' ἀλώπηξ ἰχανῶσα[1] κερδῴη
μύθῳ τὸν ὄρνιν ἠπάτησε τοιούτῳ·
« Κόραξ, καλαί σοι πτέρυγες, ὀξέη γλήνη,
θηητὸς αὐχήν· στέρνον αἰετοῦ φαίνεις·
ὄνυξι πάντων θηρίων κατισχύεις·
ὁ τοῖος ὄρνις κωφὸς ἐσσί, κοὐ κρώζεις. »
Κόραξ δ' ἐπαίνῳ καρδίην ἐχαυνώθη,
στόματος δὲ τυρὸν ἐκβαλὼν, ἐκεκράγει.
Τὸν δ' ἡ σοφὴ λαβοῦσα, κερτόμῳ γλώσσῃ,
« Οὐκ ἦσθ' ἄφωνος, » εἶπεν, « ἀλλὰ φωνήεις[2].
Ἔχεις, κόραξ, ἅπαντα· νοῦς δέ σοι λείπει. »

ΟΖ'. ΚΟΡΑΞ ΝΟΣΩΝ.

Κόραξ νοσήσας εἶπε μητρὶ κλαιούσῃ·
« Μὴ κλαῖε, μῆτερ, ἀλλὰ τοῖς θεοῖς εὔχου
νόσου με δεινῆς καὶ πόνων ἀνασφῆλαι. »
« Καὶ τίς σε, » φησί, « τῶν θεῶν, τέκνον, σῴσει;
τίνος γὰρ ὑπὸ σοῦ βωμὸς οὐκ ἐσυλήθη; »

---

peine sa vie avec quelques misérables chaumes, et son dos ne sentait plus la selle. Mais dès qu'un nouveau cri de guerre retentit autour de la ville, que la trompette invita tous les citoyens à fourbir leurs boucliers, à harnacher leurs chevaux, à aiguiser le fer, le maître remit le frein au cheval, le fit avancer et se disposa à le monter. Le cheval épuisé tomba sur ses genoux : « Va, lui dit-il, va t'enrôler à pied dans les hoplites ; de cheval tu m'as fait âne ; comment d'âne pourras-tu me faire redevenir cheval ? »

---

76. LE CORBEAU ET LE RENARD.

Sur un arbre perché, un corbeau tenait dans son bec un fromage. Un renard, rusé compère, alléché par l'odeur, dupa l'oiseau avec ce beau discours : « Corbeau, que ton plumage est joli, ta prunelle perçante, ton cou admirable ! Tu as la poitrine de l'aigle et les serres les plus puissantes de tous les animaux. Mais quoi ! un si merveilleux oiseau est muet ; il n'a pas de chant ! » Le Corbeau, à ces louanges, ne se sentit pas de joie ; il ouvrit le bec et laissa tomber le fromage. Le matois s'en saisit et dit d'un ton moqueur : « Non, tu n'es pas muet, tu as vraiment de la voix. Corbeau, rien ne te manque, si tu avais de la cervelle. »

---

77. LE CORBEAU MALADE.

Un Corbeau malade dit à sa mère qui pleurait : « Mère, ne pleure pas, mais prie les dieux de me délivrer de ma maladie et de mes souffrances. — Quel dieu voudra te venir en aide ? répondit la mère. Quel est celui dont tu n'as pas pillé l'autel ? »

ΟΗ'. ΚΥΩΝ ΚΑΙ ΣΚΙΑ.

Κρέας κύων ἔκλεψεν ἐκ μαγειρείου.
Καὶ δὴ παρῄει ποταμόν· ἐν δὲ τῷ ῥείθρῳ
πολὺ τοῦ κρέως ἰδοῦσα τὴν σκιὴν μείζω,
τὸ κρέας ἀφῆκε[1], τῇ σκιῇ δ' ἐφωρμήθη.
Ἀλλ' οὔτ' ἐκείνην εὗρεν, οὔθ' ὃ βεβλήκει·
πεινῶσα δ' ὀπίσω τὸν πόρον διεξῄει.
[Βίος ἀβέβαιος παντὸς ἀνδρὸς ἀπλήστου
ἐλπίσι ματαίαις πραγμάτων[2] ἀνήλωται.]

ΟΘ'. ΚΑΜΗΛΟΣ.

Κάμηλον ἠνάγκαζε δεσπότης πίνων
ὀρχεῖσθ' ὑπ' αὐλοῖς[1] κυμβάλοις τε χαλκείοις.
Ἡ δ' εἶπ'· « Ἐμοὶ γένοιτο κἂν ὁδῷ βαίνειν
« ἄνευ γέλωτος, μήτι γ'[2] ἐν χορῷ παίζειν. »

Π'. ΑΛΩΠΗΞ ΚΑΙ ΠΙΘΗΚΟΣ.

Κερδὼ πιθήκῳ φησίν[1]· « Ἣν ὁρᾷς στήλην,
« ἐμοὶ πατρῴη τ' ἐστὶ κἄτι παππῴη. »
Κερδοῖ πίθηκος εἶπεν· « Ὡς θέλεις ψεύδου,
« ἔλεγχον οὐκ ἔχουσα[2] τῆς ἀληθείης. »
[Κακοῦ πρὸς ἀνδρός ἐστι μὴ φεύγειν ψεῦδος,
κἂν[3] λανθάνειν ψευδόμενος εὐχερῶς μέλλῃ.]

ΠΑ'. ΛΕΩΝ ΚΑΙ ΑΛΩΠΗΞ.

Κοιμωμένου λέοντος ἀγρίης χαίτης
διέδραμεν[1] μῦς· ὁ δὲ λέων ἐθυμώθη·
φρίξας δὲ χαίτην ἔθορε[2] φωλάδος κοίλης.
Κερδὼ δ' ἐπεχλεύαζεν ὡς ἐκινήθη
πρὸς μῦν ὁ πάντων θηρίων τυραννεύων.

78. LE CHIEN ET L'OMBRE.

Un chien avait volé un morceau de viande dans une cuisine. Passant sur le bord d'une rivière, et voyant dans l'eau sa proie qui lui parut plus grande, il la lâcha, et s'élança sur l'image; mais il n'eut ni l'ombre ni le corps, et regagna la rive les dents longues.

L'homme insatiable n'est assuré de rien ; sa vie se perd en vaines espérances.

---

79. LE CHAMEAU.

Un maître, pendant qu'il était à boire, forçait son chameau à danser au son des flûtes et des cymbales d'airain. La bête lui dit : « Plût aux dieux que je ne fisse pas rire en marchant! Faut-il encore que je danse! »

---

80. LE RENARD ET LE SINGE.

Un renard disait à un singe : « Tu vois ce cippe; c'est celui de mon père, et même de mon grand-père. » Le singe lui répondit : « Tu peux mentir à ton aise, car personne ne peut te confondre. »

C'est le propre de l'homme malhonnête de mentir, surtout quand il est certain de n'être pas repris.

---

81. LE LION ET LE RENARD.

Un lion dormait; une souris passa en trottant sur sa sauvage crinière. Aussitôt le lion est transporté de courroux; son poil se hérisse, et d'un bond il s'élance du fond de son antre. Un renard se mit à rire de le voir si ému pour une souris, lui le roi des animaux :

Ὁ δ', « Οὐχὶ τὸν μῦν, » εἶπεν, « ὦ παλαμναίη,
δέδοικα, μή μου τὴν δορὴν κνίσῃ φεύγων·
κακὴν δὲ μελέτην ἐπ' ἐμὲ τῆς ὁδοῦ τρίβει[3]. »
[Ἀρχόμενον ἄρτι τὸ θρασὺ τῶν ὑβριζόντων,
κἂν μικρὸν ᾖ, κώλυε, μηδὲ συγχώρει
εὐκαταφρόνητον σαυτὸν εἶναι τοῖς φαύλοις.]

ΠΒ'. ΙΠΠΟΣ ΚΑΙ ΑΝΘΡΩΠΟΣ.

Κριθάς τις ἵππου πᾶσαν ἡμέρην πίνων[1],
ἔτριβεν, ἐκτένιζεν ἡμέρῃ πάσῃ.
Ὁ δ' εἶπεν· « Εἰ θέλεις με ταῖς ἀληθείαις[2]
καλὸν γενέσθαι, τὸ τρέφον με μὴ πώλει. »

ΠΓ'. ΚΩΝΩΨ ΚΑΙ ΤΑΥΡΟΣ.

Κώνωψ ἐπιστὰς κέρατι καμπύλῳ ταύρου,
μικρόν τ' ἐπισχών, εἶπε ταῦτα βομβήσας·
« Εἴ σου βαρύνω τὸν τένοντα καὶ κλίνω,
καθεδοῦμ' ἀπελθὼν ποταμίας ἐπ' αἰγείρου. »
Ὁ δ', « Οὐ μέλει μοι, » φησίν, « οὔτ' ἐὰν μείνῃς,
οὔτ' ἂν ἀπέλθῃς· οὐδ' ὅτ' ἦλθες ἐγνώκειν. »
[Γελοῖος ὅστις, οὐδὲν ὤν, κατ' ἀνθρώπων
τῶν κρεισσόνων θρασύνεθ', ὥς τις[1] ὢν σφόδρα.]

ΠΔ'. ΚΥΝΕΣ ΚΑΙ ΛΥΚΟΙ.

Κυσίν ποτ' ἔχθρα καὶ λύκοις συνειστήκει.
Κύων δ' Ἀχαιὸς[1] ἡρέθη κυνῶν δήμου
στρατηγὸς εἶναι. Καὶ μάχης ἐπιστήμων
ἔμελλεν, ἐβράδυνεν. Οἱ δ' ἐπηπείλουν,
εἰ μὴ προάξει τὴν μάχην τε συστήσει.
« Ἀκούσατ', » εἶπεν, « οὗ χάριν διατρίβω,

« Je ne crains pas, maraud, lui dit le lion, qu'elle m'égratigne en se sauvant; mais je la trouve bien insolente d'oser venir se promener sur moi. »

Réprime tout d'abord une impertinente familiarité, fût-elle sans conséquence, et ne souffre pas qu'un homme de rien oublie trop facilement les égards qu'il te doit.

---

82. LE CHEVAL ET L'HOMME.

Un homme vendait chaque jour pour boire l'orge de son cheval, et chaque jour il l'étrillait et le peignait à outrance. Le cheval lui dit : « Si tu veux vraiment que je sois beau, ne vends pas ma nourriture. »

---

83. LE MOUCHERON ET LE TAUREAU.

Un moucheron vint se poser sur la corne recourbée d'un taureau; il s'y arrêta quelque temps, puis en bourdonnant il dit : « Si mon poids fait fléchir ta tête, j'irai m'asseoir sur un des peupliers de la rivière. — Peu m'importe, répliqua le taureau, que tu restes ou que tu t'en ailles; je ne t'ai pas seulement senti venir. »

Un homme de rien, qui fait l'arrogant avec de plus puissants que lui, comme s'il était quelque chose, est bien ridicule.

---

84. LES CHIENS ET LES LOUPS.

Les chiens et les loups étaient en grande inimitié. Un chien d'Achaïe fut élu général d'armée de la nation canine. En savant capitaine, il temporisait, attendait l'occasion; ses soldats menaçaient de le maltraiter, s'il ne les conduisait hors du camp et n'engageait le combat : « Écoutez, leur dit-il, pourquoi je diffère ainsi et use de prudence. La prévoyance est bonne en toutes choses. Je vois que

τί δ' εὐλαβοῦμαι· χρὴ δ' ἀεὶ προβουλεύειν.
Τῶν πολεμίων μὲν τὸ γένος ὧν ὁρῶ πάντων
ἕν ἐστιν· ἡμῶν δ' ἦλθον οἱ μὲν ἐκ Κρήτης[2],
οἱ δ' ἐκ Μολοσσῶν εἰσιν, οἱ δ' Ἀκαρνάνων,
ἄλλοι δὲ Δόλοπες, οἱ δὲ Κύπρον ἢ Θρᾴκην
αὐχοῦσιν· ἄλλοι δ' ἄλλοθεν. Τί μηκύνω;
τὸ χρῶμα δ' ἡμῖν οὐχ ἕν ἐστιν ὡς τούτοις,
ἀλλ' οἱ μὲν ἡμῶν μέλανες, οἱ δὲ τεφρώδεις,
ἔνιοι δὲ λαμπροὶ καὶ διάργεμοι στήθη,
ἄλλοι δὲ λευκοί. Πῶς ἂν οὖν δυνηθείην
εἰς πόλεμον ἄρχειν, » εἶπε, « τῶν ἀσυμφώνων[8]
πρὸς τοὺς ὅμοια πάντ' ἔχοντας ἀλλήλοις; »
[Συμφωνία μέγιστον ἀγαθὸν ἀνθρώποις·
τὸ δὲ στασιάζον ἀσθενές τε καὶ δοῦλον.]

ΠΕ'. ΑΛΩΠΗΞ ΟΓΚΩΘΕΙΣΑ.

Κοίλωμα ῥίζης φηγὸς εἶχεν ἀρχαίη.
Ἐν τῇδ' ἔκειτο ῥωγὰς αἰπόλου πήρη,
ἄρτων ἑώλων πᾶσα καὶ κρεῶν πλήρης.
Ταύτην ἀλώπηξ εἰσδραμοῦσα τὴν πήρην,
ἐξέφαγε· γαστὴρ δ', ὥσπερ εἰκός, ὠγκώθη,
στενῆς δὲ τρώγλης οὐκέτ' εἶχεν ἐκδῦναι.
Ἑτέρη δ' ἀλώπηξ, ὡς ἐπῆλθε κλαιούσῃ,
σκώπτουσα, « Μεῖνον, » εἶπεν, « ἄχρι πεινήσῃς·
οὐκ ἐξελεύσῃ πρότερον ἄχρι τοιαύτην
τὴν γαστέρα σχῇς, ἡλίκην ὅτ' εἰσῄεις. »

ΠϚ'. ΚΥΩΝ ΚΑΙ ΛΑΓΩΟΣ.

Κύων λαγωὸν ἐξ ὄρους ἀναστήσας
ἐδίωκε δάκνων αὐτόν, εἰ κατειλήφει,
μεταστραφεὶς δ' ἔσαινεν ὡς φίλῳ ψαύων.
Ὁ λαγωὸς « Ἁπλοῦν » δ' εἶπε, « θηρίον γίνου.
Φίλος εἶ; τί δάκνεις; Ἐχθρὸς εἶ; τί οὖν σαίνεις; »

tous nos ennemis ne forment qu'un seul peuple; mais les nôtres arrivent les uns de la Crète, ceux-ci du pays des Molosses, les autres de l'Acarnanie, certains sont Dolopes, d'autres se font gloire de venir de Cypre ou de Thrace, d'autres d'ailleurs. Bref, nous n'avons pas non plus, comme eux, une robe de couleur uniforme : plusieurs sont noirs, plusieurs cendrés, quelques-uns roux avec des taches blanches à la poitrine, d'autres sont entièrement blancs. Comment pourrais-je, dit-il, mener au combat des troupes si mêlées, contre une armée où tout s'accorde si bien? »

L'harmonie procure aux hommes les plus grands avantages; la division les rend faibles et esclaves.

85. LE RENARD GOURMAND.

Un vieux chêne était creux à sa racine. Un chevrier y avait déposé sa besace trouée, pleine de pain moisi et de viande. Certain renard entra dans l'arbre, et vida la besace; son ventre s'arrondit, comme on le peut bien croire, et il ne pouvait plus passer par l'étroite ouverture. Un autre renard, qui l'entendit pleurer, vint à lui, et d'un ton railleur : « Attends, lui dit-il, que la faim revienne; tu ne sortiras plus qu'avec le ventre que tu avais quand tu es entré. »

86. LE CHIEN ET LE LIÈVRE.

Un chien fit partir un lièvre sur une montagne; il le poursuivait, et le mordait quand il le joignait, puis, se ravisant, il le flattait et le caressait en ami. Le lièvre lui dit : « Sois franc. Es-tu mon ami? pourquoi me mords-tu? Es-tu mon ennemi? pourquoi me flattes-tu? »

Ἀμφίβολος οὗτός ἐστι νοῦς ἐν ἀνθρώποις,
οἷς οὔτ' ἀπιστεῖν ἔχομεν, οὔτε πιστεύειν.

ΠΖ'. ΚΟΡΥΔΑΛΟΣ ΚΑΙ ΝΕΟΣΣΟΙ.

Κορυδαλὸς ἦν τις ἐν χλόῃ νεοσσεύων,
[τῷ χαραδριῷ πρὸς τὸν ὄρθρον ἀντᾴδων.]
Καὶ παῖδας εἶχε ληίου κόμῃ[1] θρέψας
λοφῶντας ἤδη καὶ πτεροῖσιν ἀκμαίους.
Ὁ δὲ τῆς ἀρούρης δεσπότης, ἐποπτεύων,
ὡς ξηρὸν εἶδε τὸ θέρος, εἶπε· « Νῦν ὥρη
πάντας λαβεῖν μοι τοὺς φίλους, ἵν' ἀμήσω. »
Καί τις κορυδαλοῦ τῶν λοφηφόρων παίδων
ἤκουεν αὐτοῦ, τῷ τε πατρὶ μηνύει,
σκοπεῖν κελεύων ποῦ σφέας μεταστήσει.
Ὁ δ' εἶπεν· « Οὔπω καιρός ἐστι νῦν φεύγειν·
ὃς γὰρ φίλοις πέποιθεν, οὐκ ἄγαν σπεύδει. »
Ὡς δ' αὖτις ἐλθών, ἡλίου θ' ὑπ' ἀκτίνων
ἤδη ῥέοντα[2] τὸν στάχυν θεωρήσας,
μισθὸν μὲν ἀμητῆρσιν αὔριον πέμψειν,
μισθὸν δὲ πᾶσι δραγματηφόροις δώσειν
εἶπεν, κορυδαλός φησι νηπίοις· « Ὄντως
νῦν ἐστιν ὥρη, παῖδες, ἀλλαχοῦ φεύγειν,
ὅτ' αὐτὸς αὐτῷ, κοὐ φίλοισι, πιστεύει. »

ΠΗ'. ΛΥΚΟΣ ΚΑΙ ΑΡΝΙΟΝ.

Λύκος ποτ' ἄρνα πεπλανημένον ποίμνης
ἰδών, βίῃ μὲν οὐκ ἐπῆλθεν ἁρπάξων[1],
ἔγκλημα δ' ἔχθρης εὐπρόσωπον ἐζήτει.
« Οὐ σύ μέ τι πέρυσι μικρὸς ὢν ἐβλασφήμεις; »
« Ἐγὼ οὐ σὲ πέρυσιν[2], ὅς γ' ἐπ' ἔτος[3] ἐγεννήθην. »
« Οὔκουν σὺ τὴν ἄρουραν ἣν ἔχω κείρεις; »
« Οὔπω τι χλωρὸν ἔφαγον, οὐδ' ἐβοσκήθην. »

On rencontre chez les hommes de ces caractères doubles, qui vous laissent entre la défiance et la confiance.

---

87. L'ALOUETTE ET SES PETITS.

Une alouette avait sa nichée dans un champ de blé vert; ses petits, biens repus de grains, étaient déjà drus et huppés. Le maître vint visiter ses blés, et voyant qu'ils étaient mûrs : « Il est temps, dit-il, que je rassemble mes amis pour faire la moisson. » Un des petits de l'alouette l'entendit et le redit à sa mère, la priant de leur trouver un autre gîte. L'alouette répondit : « Rien ne nous presse encore de fuir; celui qui compte sur ses amis n'a pas trop de hâte. » L'homme revint, et, voyant que le soleil faisait déjà couler ses épis, il dit qu'il allait dès le lendemain payer des moissonneurs et des lieurs de gerbes. L'alouette alors : « C'est ce coup, mes enfants, qu'il faut déloger, puisque le maître ne se fie plus qu'à lui et non à ses amis! »

---

88. LE LOUP ET L'AGNEAU.

Un loup, voyant un jour un agneau qui s'était égaré, ne voulut point l'enlever de force, mais cherchait un prétexte spécieux et l'accusait d'être son ennemi : « Pourquoi, misérable petit être, médisais-tu de moi l'an passé? — L'an dernier! je suis de cette année. — Ne broutes-tu pas mon herbe? — Je n'ai pas encore mangé de vert. — N'as-tu pas tari la source où je me désaltère? — Jusqu'à présent, je n'ai

« Οὐδ' ἆρα πηγὴν ἐκπέπωκας ἣν πίνω; »
« Θηλὴ μεθύσκει μέχρι νῦν με μητρῴη. »
Τότε δὴ τὸν ἄρνα συλλαβὼν τε καὶ τρώγων,
« Ἀλλ' οὐκ ἄδειπνον, » εἶπε, « τὸν λύκον θήσεις,
κἂν εὐχερῶς μου πᾶσαν αἰτίην λύσῃς. »

ΠΘ'. ΛΕΩΝ ΚΑΙ ΝΕΒΡΟΣ.

Λέων ἐλύσσα. Τὸν δὲ νεβρὸς ἐξ ὕλης
ἰδὼν ἔφησεν· « Ἡμέων ταλαιπώρων[1]·
τί γὰρ μεμηνὼς οὗτος οὐχὶ ποιήσει,
ὃς ἦν φορητὸς οὐδὲ σωφρονῶν[2] ἡμῖν; »

Ϟ'. ΤΑΥΡΟΣ ΚΑΙ ΤΡΑΓΟΣ.

Λέοντα φεύγων ταῦρος εἰς ἐρημαίην[1]
σπήλυγγα κατέδυ ποιμένων ὀρειφοίτων,
ὅπου τράγος τις, χωρὶς αἰπόλου μείνας,
ἐμβάντα ταῦρον τοῖς κέρασιν ἐξώθει.
Ὁ δ' εἶπεν· « Οὐ σέ, τὸν λέοντα δ' ἐκκλίνω.
Ἀνέξομαί σου μικρὰ τῆς ἐπηρείης·
ἐπεὶ παρελθέτω με, καὶ τότε γνώσῃ
πόσον τράγου μεταξὺ καὶ πόσον[2] ταύρου. »

ϞΑ'. ΚΥΝΗΓΟΣ ΔΕΙΛΟΣ.

Λέοντά τις κυνηγὸς οὐχὶ τολμήεις
ἴχνευεν ὀρέων ἐν βαθυσκίοις ὕλαις·
δρυτόμῳ δὲ μακρῆς ἐγγὺς ἐντυχὼν πεύκης,
« Ὦ πρός σε νυμφῶν, » εἶπεν, « ἆρα γινώσκεις
ἴχνη λέοντος, ὅστις ὧδε φωλεύει; »
Κἀκεῖνος εἶπεν· « Ἀλλὰ σὺν θεῷ βαίνεις·
αὐτὸν γὰρ ἤδη τὸν λέοντά σοι δείξω. »

encore fait que teter ma mère. » Alors le loup, se jetant sur l'agneau et le mangeant : « Le loup, dit-il, ne se passera pas de souper pour toi, malgré toute ton adresse à te justifier. »

---

89. LE LION ET LE FAON.

Un lion était en fureur; un faon, qui le vit depuis la forêt, s'écria : « Malheureux que nous sommes! Que ne nous fera-t-il pas dans sa rage, lui déjà si redoutable, alors même qu'il est calme? »

---

90. LE TAUREAU ET LE BOUC.

Un taureau, qui fuyait devant un lion, entra dans une caverne déserte, qui servait d'abri aux pâtres de la montagne; un bouc y était resté loin de l'œil du chevrier, et essayait de chasser le taureau à coups de cornes. Celui-ci lui dit : « Ce n'est pas toi que je redoute, mais le lion. Je veux bien supporter quelque temps tes outrages; mais dès que le lion sera loin d'ici, je te ferai voir quelle différence il y a entre un bouc et un taureau. »

91. LE CHASSEUR POLTRON.

Un chasseur peu brave suivait la piste d'un lion à travers les forêts épaisses de la montagne; il rencontra un bûcheron près d'un grand sapin : « Au nom des nymphes, lui dit-il, peux-tu me montrer les erres du lion qui habite par ici? » Le bûcheron répondit : « Tu es sur la bonne voie; je vais à l'instant te faire voir le lion lui-même. »

Ὁ δ' ὠχριάσας, γομφίους τε συγκρούων,
« Μή μοι χαρίζου, » φησί, « πλεῖον οὗ χρῄζω·
τὸ δ' ἴχνος εἰπέ· τὸν λέοντα μὴ δείξῃς. »

ϟΒ'. ΛΥΚΟΙ ΚΑΙ ΠΡΟΒΑΤΑ.

Λύκων παρῆσαν ἄγγελοί ποτ' εἰς ποίμνην,
ὅρκους φέροντες καὶ βέβαιον εἰρήνην,
ἐφ' ᾧ[1] λάβωσι τοὺς κύνας πρὸς αἰκίην,
δι' οὓς μάχονται καὶ κοτοῦσιν ἀλλήλοις.
Μωρὴ δὲ ποίμνη καὶ τὰ πάντα βληχώδης[2]
πέμπειν ἔμελλεν. Ἀλλά τις γέρων ἤδη
κριός, βαθείῃ φρικὶ[3] μαλλὸν ὀρθώσας,
« Καινῆς γε ταύτης, » εἶπε, « τῆς μεσιτείης·
ἀφύλακτος ὑμῖν πῶς ἐγὼ συνοικήσω,
δι' οὓς νέμεσθαι μηδὲ νῦν ἀκινδύνως
ἔξεστι, καίτοι τῶν κυνῶν με τηρούντων; »

ϟΓ'. ΛΥΚΟΣ ΚΑΙ ΕΡΩΔΙΟΣ.

Λύκῳ ποτ' ὀστοῦν φάρυγος[1] ἐντὸς ἠρείσθη·
ἐρῳδιῷ δὲ μισθὸν ἄξιον δώσειν
ἔταξε[2], τὸν τράχηλον εἰ καθιμήσας
ἀνελκύσειε, καὶ πόνων ἄκος δοίη.
Ὁ δ' ἑλκύσας, τὸν μισθὸν εὐθέως ᾔτει.
Κἀκεῖνος αὐτῷ, κάρχαρόν τι[3] μειδήσας,
« Σοὶ μισθὸς ἀρκεῖ, » φησίν, « ἀντ' ἰατρείων,
κεφαλὴν λυκείου στόματος ἐξελεῖν σῴην. »
[Κακοῖς βοηθῶν μισθὸν ἀγαθὸν οὐ λήψῃ,
ἀλλ' ἀρκέσει σοι μή τι τῶν κακῶν πάσχειν.]

ϟΔ'. ΛΕΩΝ ΝΟΣΗΣΑΣ.

Λέων νοσήσας ἐν φάραγγι πετραίῃ
ἔκειτο, νωθρὰ γυῖα γῆς ἐφαπλώσας·

L'autre pâlit et claqua des dents : « Ne sois pas plus obligeant que je ne te demande ; indique-moi la trace, et ne me montre pas le lion. »

92. LES LOUPS ET LES BREBIS.

Un jour des députés vinrent de la part des loups trouver un troupeau de brebis, apportant des serments et des gages de paix : ils demandaient en retour qu'on leur abandonnât les chiens ; ils voulaient livrer au supplice ceux qui étaient entre les deux partis une cause de querelles et de combats. Les brebis, bêtes sottes et toujours de peu de cervelle, les allaient remettre en leurs mains. A cette résolution, un vieux bélier sentit un frisson dresser toute sa laine, et dit : « Voici bien un nouvel accommodement ! Comment vivrai-je sans défenseurs avec vous, quand je ne puis maintenant paître en sûreté, même sous la garde des chiens ? »

93. LE LOUP ET LE HÉRON.

Un os s'arrêta un jour bien avant dans le gosier d'un loup ; celui-ci promit une honnête récompense à un héron, s'il parvenait, en introduisant son cou, à retirer l'os et à le guérir de ses souffrances. Le héron retire l'os, et demande son salaire. L'autre, avec un sourire méchant : « Qu'il te suffise, lui dit-il, pour prix de ta cure, d'avoir retiré ta tête de la gueule du loup. »

N'attendez point de reconnaissance pour le bien que vous ferez aux méchants ; contentez-vous de n'être pas maltraités.

94. LE LION MALADE.

Un lion malade gisait dans un antre formé par un rocher, et reposait sur la terre ses membres défaillants ; il avait pour ami un re-

φίλην δ' ἀλώπεκ' εἶχεν, ᾗ προσωμίλει.
Ταύτῃ ποτ' εἶπεν· « Εἰ[1] θέλεις με σὺ ζώειν;
πεινῶ γὰρ ἐλάφου τῆς ὑπ' ἀγρίαις πεύκαις
κεῖνον τὸν ὑλήεντα δρυμὸν οἰκούσης·
καὶ νῦν διώκειν ἔλαφον οὐκέτ' ἰσχύω.
Σὺ δ' ἂν θελήσῃς, χεῖρας εἰς ἐμὰς ἥξει,
λόγοισι θηρευθεῖσα σοῖς μελιγλώσσοις. »
Ἀπῆλθε κερδώ· τὴν δ' ὑπ' ἀγρίαις ὕλαις
σκιρτῶσαν εὗρε μαλθακῆς ὑπὲρ ποίης·
ἔσαινε δ' αὐτὴν[2] πρῶτον, εἶτα καὶ χαίρειν
προσεῖπε, χρηστῶν τ' ἄγγελος λόγων ἥκειν[3].
« Ὁ λέων, » ἔφασκεν, « οἶδας, ἔστι μοι γείτων·
ἔχει δὲ φαύλως, κἠγγύς ἐστι τοῦ θνήσκειν.
Τίς οὖν μετ' αὐτὸν θηρίων τυραννήσει
διεσκοπεῖτο· σῦς μέν ἐστιν ἀγνώμων,
ἄρκτος δὲ νωθής, πάρδαλις δὲ θυμώδης,
τίγρις δ' ἀλαζὼν καὶ τὸ πᾶν ἐρημαίη.
Ἔλαφον τυραννεῖν ἀξιωτάτην κρίνει·
γαύρη μὲν εἶδος, πολλὰ δ' εἰς ἔτη ζώει[4]·
κέρας δὲ φοβερὸν πᾶσιν ἑρπετοῖς[5] φύει,
δένδροις ὅμοιον, κοὐχ ὁποῖα τῶν ταύρων.
Τί σοι λέγω τὰ πολλά; πλὴν[6] ἐκυρώθης,
μέλλεις τ' ἀνάσσειν θηρίων ὀρειφοίτων.
Τότ' οὖν γένοιτο τῆς ἀλώπεκος μνήμη,
δέσποινα, τῆς σοι τοῦτο πρῶτον εἰπούσης.
Ταῦτ' ἦλθον[7]. Ἀλλὰ χαῖρε, φιλτάτη. Σπεύδω
πρὸς τὸν λέοντα, μὴ πάλαι με ζητήσῃ·
χρῆται γὰρ ἡμῖν[8] εἰς ἅπαντα συμβούλοις·
δοκῶ δὲ καὶ σέ[9], τέκνον, εἴ τι τῆς γραίης
κεφαλῆς ἀκούεις. Ἔπρεπέ σοι παρεδρεύειν
ἐλθοῦσαν[10] αὐτῷ, καὶ πονοῦντα[11] θαρσύνειν.
Τὰ μικρὰ πείθει τοὺς ἐν ἐσχάτοις ὥραις·
ψυχαὶ[12] δ' ἐν ὀφθαλμοῖσι τῶν τελευτώντων. »
Ὡς εἶπε κερδώ. Τῆς δ' ὁ νοῦς ἐχαυνώθη

nard, qui vivait avec lui dans une intime familiarité. Il lui dit un jour : « Veux-tu me sauver la vie ? J'ai grand'faim de la biche qui habite sous ces pins sauvages, là-bas, dans cette épaisse forêt ; mais je ne me sens plus la force de chasser. Si tu le veux, elle viendra tomber sous ma griffe, prise par tes mielleuses paroles. » Le renard partit ; il trouva la biche qui bondissait dans la forêt sur le tendre gazon. D'abord, d'un air caressant, il remua la queue ; puis il lui donna le bonjour et se dit porteur de bonnes nouvelles : « Le lion, tu le sais, est mon voisin ; il est au plus mal, et ne tardera pas à mourir. Tout à l'heure il cherchait qui des animaux pourrait régner après lui : il dit que le sanglier est trop stupide, l'ours trop paresseux, le léopard trop irascible, le tigre trop insolent et trop ami de la solitude. La biche est la plus digne de l'empire : son port est majestueux, elle vit de longues années, et porte, pour la terreur de la gent animale des cornes dont les rameaux, semblables à des arbres, surpassent de beaucoup celles des taureaux. Que te dirai-je ? tu as été choisie pour commander à tous les hôtes errants de ces montagnes. Alors, maîtresse, souviens-toi du renard qui, le premier, t'a annoncé cette nouvelle. Je suis venu tout exprès ; mais, adieu, ma bonne amie. Je cours près du lion, de peur qu'il ne s'inquiète de mon absence, car il prend en tout nos conseils. Je pense, mon enfant, que tu te hâteras aussi. Si tu en crois cette vieille tête, tu ferais bien de venir t'asseoir auprès de lui, pour rassurer le malade. Les petites attentions touchent toujours aux derniers moments, et l'âme des mourants est toute dans leurs yeux. » Le renard dit. A ces paroles artificieuses, la

λόγοισι ποιητοῖσιν[13]· ἦλθε δ' εἰς κοίλην
σπήλυγγα θηρός, καὶ τὸ μέλλον οὐκ ᾔδει.
Λέων δ' ἀπ' εὐνῆς ἀσκόπως ἐφορμήσας
ὄνυξιν οὔατ' ἐσπάραξεν ἀκραίοις,
σπουδῇ διωχθείς[14]· τὴν δὲ φύζα δειλαίην
θύρης κατιθὺς ἦγεν εἰς μέσας ὕλας.
Κερδὼ δὲ χεῖρας ἐπεκρότησεν[15] ἀλλήλαις,
ἐπεὶ πόνος μάταιος ἐξανηλώθη.
Κἀκεῖνος ἐστέναζε τὸ στόμα βρύχων·
ὁμοῦ γὰρ αὐτὸν λιμὸς εἶχε καὶ λύπη.
Πάλιν δὲ κερδοῦν ἱκέτευε φωνήσας,
ἄλλον τιν' εὑρεῖν δεύτερον δόλον θήρης.
Ἡ δ' εἶπε κινήσασα[16] βυσσόθεν γνώμην·
« Χαλεπὸν κελεύεις αὖτις[17], ἀλλ' ὑπουργήσω. »
Καὶ δὴ κατ' ἴχνος, ὡς σοφὴ κύων, ᾔει,
πλέκουσα τέχνας καὶ πανουργίας πάσας.
Ἀεὶ δ' ἕκαστον ποιμένων ἐπηρώτα,
μή πού τις ἔλαφος ᾑματωμένη φεύγει.
Τὴν δ' ὥς τις εἶδε, δεικνύων ἂν ὡδήγει[18],
ἕως ποθ' εὗρεν ἐν κατασκίῳ χώρῳ
δρόμων ἀναψύχουσαν. Ἡ δ' ἀναιδείης
ὀφρὺν ἔχουσα καὶ μέτωπον εἱστήκει.
Ἐλάφου δὲ φρὶξ ἐπέσχε νῶτα καὶ κνήμας,
χολῇ δ' ἐπέζει[19] καρδίην, ἔφη δ' οὕτω·
« Σύ νυν διώκεις πανταχοῦ με, καὶ φεύγω.
Ἀλλ', ὦ στύγημα, νῦν μὲν οὐχὶ χαιρήσεις,
ἤν μοι προσέλθῃς καί τι γρύξαι τολμήσῃς.
Ἄλλοις ἀλωπέκιζε[20] τοῖς ἀπειρήτοις,
ἄλλους δὲ βασιλεῖς ὑπερέθιζε[21] καὶ ποίει.
Τῆς δ' οὐκ ἐτρέφθη θυμός, ἀλλ' ὑποβλήδην,
« Οὕτως ἀγεννής, » φησί, « καὶ φόβου πλήρης
πέφυκας; οὕτω τοὺς φίλους ὑποπτεύεις;
Ὁ μὲν λέων σοι συμφέροντα βουλεύων,
μέλλων τ' ἐγείρειν[22] τῆς πάροιθε νωθείης,

biche se sentit gonflée d'orgueil. Elle se rendit dans la sombre retraite du lion; elle ne prévoyait pas ce qui l'attendait. Le lion, emporté par une ardeur imprudente, s'élança de son lit, et du bout de ses ongles lui déchira les oreilles : la malheureuse s'enfuit droit au milieu des bois. Le renard frappa des mains de dépit, en voyant tant de frais en pure perte. L'autre fit entendre un sourd gémissement et grinça des dents, tourmenté à la fois par la faim et par la douleur. Il se mit à supplier encore le renard, le conjurant d'imaginer quelque nouveau piége. Celui-ci, après s'être creusé la tête : « Ce que tu me demandes pour la seconde fois est difficile, mais je veux t'obliger. » Il suivit donc la piste de la biche, avec l'intelligence d'un chien, tramant en chemin des fourberies et des stratagèmes de toute espèce; à chaque berger qu'il rencontrait, il demandait s'il n'avait pas vu fuir une biche toute sanglante; ceux qui l'avaient aperçue le mettaient sur la voie; il la trouva enfin dans un fourré épais, qui reprenait haleine, épuisée de sa course. Il s'arrêta devant elle; son œil et son front respiraient l'impudence. La biche sentit un frisson agiter ses flancs et tous ses membres, et, le cœur bouillant de colère, elle parla ainsi : « Tu me poursuis donc partout, et je te fuis. Perfide, tu n'auras pas sujet de te réjouir si tu approches de moi, et si tu oses souffler un mot. Essaye tes ruses contre ceux qui ont moins d'expérience; chatouille d'autres ambitions, et choisis d'autres rois. » Le renard, sans s'émouvoir, lui répondit : « As-tu donc si peu de courage? es-tu si remplie de craintes, et si soupçonneuse envers tes amis? Le lion qui te voulait du bien, et qui désirait réveiller ta

ἔψαυσεν ὠτός, ὡς πατὴρ ἀποθνήσκων·
ἔμελλε γάρ σοι πᾶσαν ἐντολὴν δώσειν,
ἀρχὴν τοσαύτην πῶς λαβοῦσα τηρήσεις.
Σὺ δ' οὐχ ὑπέστης κνίσμα χειρὸς ἀῤῥώστου,
βίῃ δ' ἀποσπασθεῖσα μᾶλλον ἐτρώθης.
Καὶ νῦν ἐκεῖνος πλεῖον ἢ σὺ θυμοῦται,
λίην ἄπιστον πειράσας σε καὶ κούφην,
βασιλῆ[23] δέ φησι τὸν λύκον καταστήσειν.
Οἴμοι πονηροῦ δεσπότου· τί ποιήσω;
ἅπασιν ἡμῖν αἰτίη κακῶν γίνῃ.
Ἀλλ' ἐλθέ, καὶ τὸ λοιπὸν ἴσθι γενναίη[24],
μηδ' ἐπτόησο, πρόβατον οἷον ἐκ ποίμνης.
Ὄμνυμι γάρ σοι φύλλα πάντα καὶ κρήνας[25],
οὕτω γένοιτο σοὶ μόνῃ με δουλεύειν,
ὡς οὐδὲν ἐχθρὸν οἶδεν, ἀλλ' ὑπ' εὐνοίης
τίθησι πάντων κυρίην σε τῶν ζώων. »
Τοιαῦτα κωτίλλουσα τὴν ἀχαιίνην
ἔπεισεν ἐλθεῖν δὶς τὸν αὐτὸν εἰς ᾅδην.
Ἐπεὶ δὲ λόχμης εἰς μυχὸν κατεκλείσθη,
λέων μὲν αὐτὸς εἶχε δαῖτα παντοίην,
σάρκας λαφύσσων[26], μυελὸν ὀστέων πίνων,
καὶ σπλάγχνα λάπτων· ἡ δ' ἀγωγὸς[27] εἱστήκει
πεινῶσα θήρης· καρδίην δὲ νεβρείην
δάπτει πεσοῦσαν, ἁρπάσασα λαθραίως·
καὶ τοῦτο κέρδος εἶχεν ὧν ἐκεκμήκει.
Λέων δ' ἕκαστον ἐγκάτων ἀριθμήσας,
μόνην ἀπ' ἄλλων[28] καρδίην ἐπεζήτει,
καὶ πᾶσαν εὐνήν, πάντα δ' οἶκον ἠρεύνα.
Κερδὼ δ' ἀπαιολῶσα τῆς ἀληθείης,
« Οὐκ εἶχε πάντως, » φησί· « μὴ μάτην ζήτει.
Ποίην δ' ἔμελλε καρδίην ἔχειν, ἥτις
ἐκ δευτέρου λέοντος ἦλθεν εἰς οἴκους; »

paresse, te prenait l'oreille, comme fait un père mourant ; il se préparait à te donner toutes ses instructions, à t'enseigner comment tu pourrais garder ce grand pouvoir qu'il allait te remettre. Tu n'as pu endurer les caresses d'une main débile ; tu t'es violemment échappée, et tu t'es fait bien plus de mal qu'il n'aurait voulu. A cette heure il est plus irrité que toi, de t'avoir trouvée si défiante et si étourdie ; il dit qu'il va nous donner le loup pour roi. Hélas ! quel méchant maître ! Que deviendrai-je ? Tu seras la cause de tous nos malheurs. Mais viens, et à l'avenir montre plus de courage, ne tremble pas comme une timide brebis. Car, je le jure par tous ces arbres et toutes ces fontaines, et puissé-je être aussi certain de n'avoir que toi pour maîtresse ! le lion ne te veut pas de mal, il est même si bienveillant, qu'il te destine à être la reine des animaux. » Ses cajoleries persuadèrent à la biche de revenir encore une fois dans cet enfer. Dès qu'elle fut enfermée dans l'antre, le lion en fit un succulent festin ; il engloutissait les chairs, suçait la moelle des os, se régalait des entrailles. Le pourvoyeur était là, dévorant des yeux la proie ; il déroba le cœur de la biche, qui avait échappé au lion, et s'en reput avidement. Ce fut le salaire de ses peines. Cependant le lion comptait, et cherchait le cœur qui lui manquait seul ; il fouillait toute sa couche et toute sa maison. Le renard, lui déguisant la vérité sous une adroite réponse, lui dit : « Elle n'en avait point ; ne cherche pas en vain. Et quel cœur pouvait-elle avoir, elle qui est venue deux fois dans l'antre du lion ? »

ϞΕʹ. ΛΥΚΟΣ ΚΑΙ ΑΡΝΕΙΟΣ.

Λύκος παρῄει θριγκόν, ἔνθεν ἐκκύψας
ἀρνειὸς αὐτὸν ἔλεγε πολλὰ βλασφήμως.
Κἀκεῖνος εἶπε τὰς σιαγόνας πρίων[1]·
« Ὁ τόπος μ' ἐλοιδόρησε· μὴ σὺ καυχήσῃ. »
[Ὁ μῦθος ὀρθῶς πᾶσι τοῦτο μηνύει·
Διὰ καιρὸν ἰσχύων τι μὴ σὺ γαυρούσθω.]

ϞϚʹ. ΛΕΩΝ ΚΑΙ ΤΑΥΡΟΣ.

Λέων ποτ' ἐπεβούλευεν ἀγρίῳ ταύρῳ·
καὶ προσποιηθεὶς Μητρὶ τῶν θεῶν θύειν,
τὸν ταῦρον ἐλθεῖν ἐπὶ τὸ δεῖπνον ἠρώτα.
Κἀκεῖνος ἥξειν εἶπεν, οὐχ ὑποπτεύσας.
Ἐλθὼν δέ, καὶ στὰς ἐπὶ θύρας λεοντείους,
ὡς εἶδε θερμοῦ[1] πολλὰ χαλκία πλήρη,
σφαγίδας, μαχαίρας βουδόρους νεοσμήκτους,
πρὸς τῇ θύρῃ δὲ μηδέν, ἀλλὰ[2] δεσμώτην
ἀλεκτορίσκον, ᾤχετ' εἰς ὄρος φεύγων.
Ἐμέμφεθ' ὁ λέων ὕστερον συναντήσας.
Ὁ δ', « Ἦλθον, » εἶπε, « καὶ τὸ σύμβολον δώσω·
οὐκ ἦν ὅμοιον[3] θῦμα τῷ μαγειρείῳ. »

ϞΖʹ. ΛΕΩΝ ΜΝΗΣΤΗΡ.

Λέων ἁλοὺς ἔρωτι παιδὸς ὡραίης,
παρὰ πατρὸς ἐμνήστευε. Τῷ δ' ὁ πρεσβύτης
οὐδέν τι δύσνουν, οὐδ' ὕπουλον[1] ἐμφήνας,
« Δίδωμι γῆμαι, » φησί, « καὶ διδοὺς χαίρω.
Τίς οὐ δυνάστῃ καὶ λέοντι κηδεύσει;
Φρένες δὲ δειλαὶ παρθένων τε καὶ παίδων·
σὺ δ' ἡλίκους μὲν ὄνυχας, ἡλίκους δ' ἡμῖν

95. LE LOUP ET L'AGNEAU.

Un loup passait près d'un parc; un agneau, sortant sa tête, lui dit de grosses injures. Le loup, grinçant des dents, répondit : « Sans cette clôture oserais-tu m'injurier? Ne sois pas si fier. »

La fable dit clairement qu'il ne faut pas s'enorgueillir de la force qu'on tient des circonstances.

---

96. LE LION ET LE TAUREAU.

Un lion voulut un jour tendre un piége à un taureau sauvage; il feignit qu'il allait offrir un sacrifice à la Mère des dieux, et invita le taureau au festin. Celui-ci, sans défiance, promit de venir. Il y va; mais s'étant arrêté à la porte du lion, il aperçut plusieurs chaudières pleines d'eau chaude, des couteaux, des coutelas et des instruments à écorcher les bœufs, tout frais émoulus; près de la porte il ne vit rien qu'un coq garrotté, et s'enfuit au plus vite dans sa montagne. Le lion, le rencontrant quelque temps après, lui en faisait des reproches : mais le taureau : « Je suis venu, dit-il, et je t'en donnerai la preuve; il n'y avait pas de victime qui répondît à de si grands préparatifs. »

---

97. LE LION AMOUREUX.

Un lion qui s'était amouraché d'une jeune fille en âge d'être pourvue, la demanda en mariage à son père. Le bonhomme, sans laisser paraître ni mauvais vouloir ni arrière-pensée, lui dit : « Je te la donne avec grande joie. Qui ne serait fier d'avoir pour gendre un roi, un lion? mais les filles, comme les enfants, sont délicates; quelles griffes, quelles dents tu nous apportes! quelle fille t'oserait caresser sans

φέρεις ὀδόντας; τίς κόρη σε τολμήσει
ἀφόβως περιβαλεῖν; τίς δ' ἰδοῦσα μὴ κλαύσει[2];
Πρὸς ταῦτα δὴ σκόπησον εἰ γάμου χρήζεις,
μηδ' ἄγριος θήρ, ἀλλὰ νυμφίος, γίνου. »
Ὁ δὲ πτερωθείς[3], τῇ δόσει τε πιστεύσας,
ἐξεῖλε τοὺς ὀδόντας, εἶθ' ὑπὸ σμίλης
ἀπωνυχίσθη· τῷ τε πενθερῷ δείξας,
τὴν παῖδ' ἀπῄτει[4]. Τὸν δ' ἕκαστος ἠλοία,
ῥοπάλῳ τις, ἢ λίθῳ τις ἐκ χερὸς[5] παίων.
Ἔκειτο δ' ἀργός, ὥσπερ ὗς ἀποθνήσκων,
γέροντος ἀνδρὸς ποικίλου τε τὴν γνώμην
σοφίῃ διδαχθείς, ὡς ἄμικτον[6] ἀνθρώπους
ἐρᾷν λεόντων, ἢ λέοντας ἀνθρώπων.
[Αὐτός τις αὐτὸν λανθάνει κακῶς δράσας,
ὧν[7] οὐ πέφυκε μεταλαβεῖν ὅταν σπεύδῃ.]

ϞΗʹ. ΛΥΚΟΣ ΚΑΙ ΚΥΩΝ.

Λύκῳ συνήντα πιμελὴς κύων λίην.
Ὁ δ' αὐτὸν ἐξήταζε, ποῦ τραφεὶς οὕτω
μέγας κύων ἐγένετο καὶ λίπους πλήρης.
« Ἄνθρωπος, » εἶπε, « δαψιλής με σιτεύει. »
« Ὁ δέ σοι τράχηλος, » εἶπε, « πῶς ἐλευκώθη; »
« Κλοιῷ τέτριπται σάρκα τῷ σιδηρείῳ,
ὃν ὁ τροφεύς μοι περιτέθεικε χαλκεύσας[1]. »
Λύκος δ' ἐπ' αὐτῷ καγχάσας, « Ἐγὼ τοίνυν
χαίρειν κελεύω, » φησί, « τῇ τροφῇ ταύτῃ,
δι' ἣν σίδηρος τὸν ἐμὸν αὐχένα τρίψει. »

ϞΘʹ. ΛΕΩΝ ΚΑΙ ΑΕΤΟΣ.

Λέοντι προσπτὰς[1] αἰετῶν τις ἐζήτει
κοινωνὸς εἶναι. Χὠ λέων, « Τί κωλύει; »
πρὸς αὐτὸν εἶπεν. « Ἀλλ' ἐνέχυρον ἐνδώσεις

crainte ou regarder sans pleurer? Arrange-toi là-dessus, si tu tiens à ce mariage, et au lieu de cette mine farouche, montre-nous un fiancé. » Le lion, ravi de joie, et croyant la fille accordée, se fit arracher les dents et rogner les ongles; puis il vint se faire voir au beau-père, en réclamant sa fille. Mais chacun alors de tomber sur lui à grand renfort de bâtons et de pierres. Il demeura sans mouvement, comme un sanglier abattu; le prudent et rusé vieillard lui apprit qu'il n'y a pas d'amour possible de l'homme au lion, ni du lion à l'homme.

On s'aveugle sur le mal qu'on se fait, quand on recherche des jouissances pour lesquelles on n'est pas né.

---

98. LE LOUP ET LE CHIEN.

Un chien gras et luisant fit la rencontre d'un loup. Le loup lui demanda où il s'était nourri pour devenir si gras et d'un si bel embonpoint. « Un riche s'est chargé de mon vivre, répondit le chien. — Mais, dit le loup, comment ton cou s'est-il blanchi? — Le collier de fer dont celui qui me nourrit m'attache, a écorché ma peau. — Grand merci, repartit le loup d'un ton moqueur, grand merci de cette bonne chère, s'il faut qu'un collier de fer me pèle le cou. »

---

99. LE LION ET L'AIGLE.

Un aigle vint se poser près d'un lion et lui demanda son amitié. « Qui s'y oppose? dit le lion. Seulement, pour gage de ta foi, donne-

τὠκύπτερόν σου μὴ μεθεῖναι τὴν πίστιν·
πῶς γὰρ φίλῳ σοι μὴ μένοντι πιστεύσω; »

Ρ'. ΛΥΚΟΣ ΚΑΙ ΑΛΩΠΗΞ.

Λύκος τις ἁδρὸς ἐν λύκοις ἐγεννήθη,
λέοντα δ' αὐτὸν ἐπεκάλουν. Ὁ δ' ἀγνώμων
τὴν δόξαν οὐκ ἤνεγκε, τῶν δὲ συμφύλων
ἀποστατήσας, τοῖς λέουσιν ὡμίλει.
Κερδὼ δ' ἐπισκώπτουσα, « Μὴ 'κφρονηθείην[1], »
ἔφη, « τοσοῦτον, ὡς σὺ νῦν ἐτυφώθης.
Σὺ γὰρ ὡς ἀληθῶς[2] ἐν λύκοις λέων φαίνῃ,
ἐν δ' αὖ λεόντων συγκρίσει λύκος γίνῃ. »

ΡΑ'. ΛΕΩΝ ΒΑΣΙΛΕΥΩΝ ΔΙΚΑΙΩΣ.

Λέων τις ἐβασίλευεν, οὐχὶ θυμώδης,
οὐδ' ὠμός, οὐδὲ πάντα[1] τῇ βίῃ χαίρων,
πρᾶος δὲ καὶ δίκαιος ὥς τις ἀνθρώπων.
Ἐπὶ τῆς δ' ἐκείνου, φασὶ δή, δυναστείης
τῶν ἀγρίων ἀγυρμὸς ἐγεγόνει ζῴων,
δίκας τε δοῦναι καὶ λαβεῖν παρ' ἀλλήλων
τὰ ζῷα πάντα. Χὡς ὑπέσχον εὐθύνας[2]
λύκος μὲν ἀρνί, πάρδαλις δέ γ' αἰγάγρῳ,
ἐλάφῳ δὲ τίγρις, πάντα δ' ἦγεν εἰρήνην,
ὁ πτὼξ λαγωὸς εἶπεν· « Ἀλλ' ἐγὼ ταύτην
τὴν ἡμέρην ἀεί ποτ' ηὐχόμην, ἥτις
καὶ τοῖς βιαίοις φοβερὰ τἀσθενῆ θήσει. »

ΡΒ'. ΛΕΩΝ ΝΟΣΩΝ ΚΑΙ ΤΑ ΘΗΡΙΑ.

Λέων ἐπ' ἄγρην οὐκέτι σθένων βαίνειν
(πολλῷ γὰρ ἤδη τῷ χρόνῳ γεγηράκει),

moi tes ailes. Car, comment pourrais-je compter sur un ami qui ne reste pas près de moi ? »

100. LE LOUP ET LE RENARD.

Il naquit chez les loups un loup d'une force extraordinaire; les siens l'appelaient lion. Sa gloire lui fit tourner la tête; il se sépara de ses pareils, et hanta les lions. Un renard se moqua de lui, et lui dit : « Puissé-je ne jamais devenir aussi insensé que tu es orgueilleux! Tu étais un vrai lion parmi les loups, mais tu n'es qu'un loup à côté des lions. »

101. LE LION RÉGNANT AVEC JUSTICE.

Un lion régnait; il n'était ni colère, ni cruel, et ne se complaisait nullement dans la violence, mais il était doux et juste comme le serait un homme. On raconte que sous son règne se tint une assemblée des animaux; il y fut décidé que tous se soumettraient mutuellement à la justice. Après que le loup eut donné satisfaction à l'agneau, le léopard au chamois, le tigre aux cerfs, et que la paix fut faite entre tous, le lièvre timide dit : « J'ai toujours appelé de mes vœux ce jour, où la faiblesse même se ferait redouter des forts. »

102. LE LION MALADE ET LES ANIMAUX.

Un lion qui n'avait plus la force d'aller à la chasse, car il était déjà bien vieux, était étendu au fond de son antre; il se faisait passer pour

κοίλης ἔσω σπήλυγγος, ὡς νόσῳ κάμνων,
ἔκειτο, δολίως, οὐκ ἀληθὲς ἀσθμαίνων,
φωνὴν βαρεῖαν προσποιητὰ[1] λεπτύνων.
Θηρῶν δ' ἐπ' αὐλὰς ἦλθεν ἄγγελος φήμη[2],
καὶ πάντες ἤλγουν ὡς λέοντος ἀῤῥώστου·
ἐπισκοπήσων δ' εἷς ἕκαστος[3] εἰσῄει.
Τούτους ἐφεξῆς λαμβάνων ἀμοχθήτως,
κατήσθιεν· γῆρας δὲ λιπαρὸν[4] ηὑρήκει.
Σοφὴ δ' ἀλώπηξ ὑπενόησε, καὶ πόῤῥω
σταθεῖσα, « Βασιλεῦ, πῶς ἔχεις; » ἐπηρώτα.
Κἀκεῖνος εἶπε· « Χαῖρε, φιλτάτη ζῴων.
« Τί δ' οὐ προσέρχῃ, μακρόθεν δέ με σκέπτῃ;
Δεῦρο, γλυκεῖα, καί με ποικίλοις μύθοις
παρηγόρησον ἐγγὺς ὄντα τῆς μοίρης. »
« Σῴζοιο, » φησίν· « εἰ δ' ἄπειμι, συγγνώσῃ·
πολλῶν γὰρ ἴχνη θηρίων με κωλύει,
ὧν ἐξιόντων οὐκ ἔχεις ὅ μοι δείξεις[5]. »
[Μακάριος ὅστις οὐ προλαμβάνει[6] πταίσας,
ἀλλ' αὐτὸς ἄλλων συμφοραῖς ἐπαιδεύθη.]

ΡΓ'. ΚΥΩΝ ΚΩΔΩΝΟΦΟΡΩΝ

Λάθρῃ κύων ἔδακνε. Τῷ δὲ χαλκεύσας[1]
ὁ δεσπότης κώδωνα καὶ προσαρτήσας,
πρόδηλον εἶναι μακρόθεν πεποιήκει.
Ὁ κύων δὲ τὸν κώδωνα δι' ἀγορῆς σείων
ἠλαζονεύετ'. Ἀλλὰ δὴ κύων γραίη
πρὸς αὐτὸν εἶπεν· « Ὦ τάλαν, τί σεμνύνῃ;
οὐ κόσμον ἀρετῆς τοῦτον, ἠ 'πιεικείης,
σαυτοῦ δ' ἔλεγχον τῆς πονηρίης κρούεις. »

---

malade, feignant, quoiqu'il n'en fût rien, d'avoir une respiration pénible, et s'étudiant à adoucir sa grosse voix. La renommée s'en répandit dans les repaires des bêtes sauvages; tous s'affligeaient et le croyaient malade, et chacun venait lui faire visite. Le lion n'avait pas de peine à les saisir, et les mangeait l'un après l'autre; sa vieillesse se passait ainsi dans l'abondance. Mais un renard mieux avisé soupçonna la chose, et se tenant à distance : « Sire, lui dit-il, comment vous portez-vous? » Le lion répondit : « Bonjour, ô toi, qui m'es le plus cher parmi les animaux. Pourquoi ne t'approches-tu pas et me considères-tu de si loin? Viens çà, mon ami, et égaye par tes joyeux récits mes derniers moments. — Que les dieux vous prêtent vie! repartit le renard; mais pardonnez si je reste où je suis : les traces de tant d'animaux me retiennent, car vous ne sauriez m'en montrer qui marquent le retour. »

Heureux qui sait prévenir sa chute, en s'instruisant aux infortunes d'autrui.

---

103. LE CHIEN QUI PORTE DES GRELOTS.

Un chien mordait en sournois. Son maître lui fit faire un grelot et le lui attacha, afin qu'on l'entendît de loin. Le chien s'en allait sur la place, faisant fièrement sonner son grelot. Une vieille chienne lui dit : « Misérable, qui te rend si vain? Ce grelot que tu agites n'est pas la récompense de ta bravoure ou de ta douceur, mais la marque de ta méchanceté. »

ΡΔ'. ΛΥΚΟΣ ΚΑΙ ΛΕΩΝ.

Λύκος ποτ' ἄρας πρόβατον ἐκ μέσης ποίμνης,
ἐκόμιζεν οἴκαδ'. Ὦ λέων συναντήσας
ἀπέσπατ' αὐτοῦ. Καὶ λύκος, σταθεὶς πόῤῥω,
« Ἀδίκως μ' ἀφείλω[1] τῶν ἐμῶν, » ἐκεκράγει.
Λέων δὲ τερφθείς, εἶπε τὸν λύκον σκώπτων·
« Σοὶ γὰρ δικαίως ὑπὸ φίλων ἐδωρήθη; »

ΡΕ'. ΛΕΩΝ ΠΡΑΟΣ.

Λέων ποτ' ἀνδρῶν βίον ἄριστον ἐζήλου.
Καὶ δὴ κατ' εὐρὺν φωλεὸν διατρίβων,
ὅσων ἀρίστην ὀριτρόφων φυὴν[1] ἔγνω,
φιλοφρονεῖσθαι γνησίως ἐπειρᾶτο.
Πολὺς δ' ὑπὸ σπήλυγγι θαμινὰ παντοίων
θηρῶν ὅμιλος ἡμέρως συνηυλίσθη·
ὁ δ' εἱστία τε κἀφίλει νόμῳ ξείνων,
λίην τιθεὶς ἅπασι δαῖτα θυμήρη.
Φίλην δὲ κερδὼ καὶ σύνοικον εἰλήφει,
μεθ' ἧς τὰ πολλὰ μειλίχως συνεζήτει[2].
Γέρων δέ τις πίθηκος ἦν ὁ δαιτρεύων,
κρεῶν τε συσσίτοισι διανέμων μοίρας·
ὅς, εἴ τις ἦλθεν οὐχὶ τῆς συνηθείης[3],
ταὐτὸν παρετίθει δεσπότῃ τε κἀκείνῳ,
ὅπερ εἶχεν ὁ λέων νεοδρόμῳ λαβὼν θήρῃ·
κερδῷ δ' ἑώλων ἔφερεν οὐκ ἴσην μοίρην.
Καὶ δή ποτ' αὐτήν, προσποιητὰ σιγῶσαν,
λέων τίν' εἶχεν αἰτίην διηρώτα,
δείπνου τε χεῖρα καὶ βορῆς ἀποσχοῦσα·
« Κερδοῖ σοφή, λάλησον ὥσπερ εἰώθεις·
φαιδρῷ προσώπῳ δαιτός, ὦ φίλη, ψαῦσον. »
Ἡ δ' εἶπεν· « Ὦ φέριστε θηρίων γέννης,
πολλῇ μερίμνῃ καρδίην διαξαίνω[4]·

104. LE LOUP ET LE LION.

Un loup avait enlevé une brebis du milieu d'un troupeau, et il l'emportait dans sa retraite. Un lion dont il fit rencontre la lui arracha. Le loup, se mettant à distance, cria au lion : « Tu m'as injustement dépouillé de mon bien. » Ce mot réjouit le lion, qui lui dit en le raillant : « Il est vrai ; c'est sans doute un présent bien gagné que tu as reçu de tes amis ? »

---

105. LE LION DÉBONNAIRE.

Le lion un jour voulut prendre les manières honnêtes des hommes. Habitant une profonde caverne, il cherchait à recevoir de son mieux les animaux de la montagne dont il connaissait le bon naturel. Souvent un grand nombre d'animaux de toute espèce se rendaient dans sa caverne, et y vivaient en bonne amitié ; il les accueillait et les traitait en hôte scrupuleux ; la chère était abondante et agréable. Il avait choisi pour ami et pour commensal un renard qui devisait amicalement avec lui sur toute sorte de sujets. Un vieux singe avait la charge de découper les viandes et de faire la part de chaque convive. Lorsque venait quelque étranger, le singe servait également au maître et au nouveau venu les produits de la dernière chasse du lion ; le renard, moins bien traité, vivait des reliefs de la veille. Enfin le lion, voyant un jour qu'il affectait de garder le silence et de ne pas toucher au dîner, lui en demanda la raison : « Sage renard, cause à ton ordinaire ; prends une mine plus riante, et mange. » Le renard répondit : « Puissant roi des animaux, j'ai bien des tourments, bien des soucis : ce n'est pas seulement le présent qui me chagrine, mais l'avenir que j'entrevois me fait verser des pleurs. Si les hôtes se succèdent ainsi

οὐ γὰρ τὰ νῦν παρόντα μοῦνον ἀλγύνει,
τὰ δ' ἔπειτα, » φησί, « προσκοπουμένη κλαίω.
Καθ' ἡμέρην γὰρ εἴ τις ἄλλος, εἶτ' ἄλλος
ξένος πελάζοι, τοῦτο δ' εἰς ἔθος βαίνοι,
τάχ' οὐδ' ἐώλων γεύσομαι κρεῶν μούνη. »
Ὁ λέων δὲ τερφθείς, ὡς λέων τε μειδήσας
εἶπεν· « Πιθήκῳ ταῦτα, μὴ δ' ἐμοὶ μέμφου. »

ΡϚʹ. ΛΕΩΝ ΚΑΙ ΜΥΣ.

Λέων ἀγρεύσας μῦν, ἔμελλε δειπνήσειν·
ὁ δ' οἰκότριψ κλὼψ[1] ἐγγὺς ὢν μόρου τλήμων,
τοιοῖσδε μύθοις ἱκέτευε τὸν θῆρα·
« Ἐλάφους πρέπει σοι καὶ κερασφόρους ταύρους
θηρῶντα[2] νηδὺν σαρκὶ τῇδε πιαίνειν·
μυὸς δὲ δεῖπνον οὐδ' ἄκρων ἐπιψαῦσαι
χειλῶν θέμις σῶν. Ἀλλά, λίσσομαι, φείδου.
Ἴσως χάριν σοι τῶνδε μικρὸς ὢν[3] θήσω. »
Γελάσας δ' ὁ θὴρ παρῆκε τὸν ἱκέτην ζῶντα.
Φιλαγρέταισι δ' ἐμπεσὼν νεανίσκοις,
ἐδικτυώθη, κἀσφαλῶς ἐδεσμεύθη.
Ὁ μῦς δὲ λάθρη χηραμοῦ προπηδήσας,
στεῤῥόν τ' ὀδοῦσι βραχυτάτοις βρόχον κείρας,
ἔλυσε τὸν λέοντα, τοῦ τὸ φῶς[4] βλέψαι
ἐπάξιον δοὺς μισθὸν ἀντιζωγρήσας.
[Σαφὴς ὁ μῦθος εὐνοοῦσιν ἀνθρώποις,
σῴζειν πένητας, μηδέ πως ἀπελπίζειν,
εἰ καὶ λέοντα μῦς ἔσωσ' ἀγρευθέντα.]

ΠΡΟΟΙΜΙΟΝ.

Μῦθος μέν, ὦ παῖ βασιλέως Ἀλεξάνδρου,
Σύρων παλαιόν ἐστιν εὕρεμ' ἀνθρώπων,
οἳ πρίν ποτ' ἦσαν ἐπὶ Νίνου τε καὶ Βήλου.

chaque jour, et que cela devienne une habitude, seul je n'aurai plus même ma part des restes de la veille. » Le lion charmé sourit, et lui dit en lion : « C'est au singe, et non pas à moi, qu'il faut t'en prendre. »

---

106. LE LION ET LA SOURIS.

Un lion avait pris une souris et allait la manger; mais notre voleur domestique, voyant approcher sa fin, suppliait en ces termes le puissant animal : « Pour remplir ton estomac, il te faut les cerfs et les taureaux aux belles cornes, à qui tu fais la chasse; mais dîner d'une souris! cela n'est pas digne de toucher le bout de tes lèvres. De grâce, épargne-moi. Peut-être, si petite que je suis, pourrai-je t'en prouver ma reconnaissance. » Le lion sourit, et laissa la vie à la suppliante. Bientôt, poursuivi par de jeunes chasseurs, il tomba dans leurs rets, et y demeura emprisonné. La souris sortit de son trou en tapinois, coupa avec ses petites dents les solides mailles du filet, et délivra le lion; ce fut ainsi qu'elle s'acquitta envers lui en le sauvant à son tour.

Cette fable enseigne aux gens sensés à protéger les petits, et à ne pas croire leurs bienfaits perdus, puisqu'une souris a su délivrer un lion captif.

PROLOGUE.

La fable, ô fils de l'empereur Alexandre, est une ancienne invention des Syriens qui vivaient sous Ninus et Bélus. Le sage Ésope, le pre-

Πρῶτος δέ, φασίν, εἶπε παισὶν Ἑλλήνων
Αἴσωπος ὁ σοφός· εἶπε καὶ Λιβυστῖνος
λόγους Κιβύσσης[1]. Ἀλλ' ἐγὼ νέῃ μούσῃ
δίδωμι, φαλάρῳ χρυσέῳ χαλινώσας
τὸν μυθίαμβον, ὥσπερ ἵππον ὁπλίτην.
Ὑπ' ἐμοῦ δὲ πρώτου τῆς θύρης ἀνοιχθείσης[2],
εἰσῆλθον ἄλλοι, καὶ σοφωτέρης μούσης
γρίφοις ὁμοίας ἐκφέρουσι ποιήσεις,
μαθόντες οὐδὲν πλεῖον ἢ με γινώσκειν[3].
Ἐγὼ δὲ λευκῇ[4] μυθιάζομαι ῥήσει,
καὶ τῶν ἰάμβων τοὺς ὀδόντας οὐ θήγω,
ἀλλ' εὖ πυρώσας, εὖ δὲ κέντρα πρηΰνας,
ἐκ δευτέρου σοι[5] τήνδε βίβλον ἀείδω.

ΡΖ'. ΜΥΣ ΑΡΟΥΡΑΙΟΣ ΚΑΙ ΜΥΣ ΑΣΤΙΚΟΣ.

Μυῶν ὁ μέν τις βίον ἔχων ἀρουραῖον,
ὁ δ' ἐν ταμείοις πλουσίοισι φωλεύων,
ἔθεντο κοινὸν τὸν βίον πρὸς ἀλλήλους.
Ὁ δ' οἰκόσιτος πρότερος ἦλθε δειπνήσων
ἐπὶ τῆς ἀρούρης ἄρτι χλωρὸν ἀνθούσης·
τρώγων δ' ἀραιὰς καὶ διαβρόχους σίτου
ῥίζας, μελαίνῃ συμπεφυρμένας βώλῳ,
« Μύρμηκος, » εἶπε, « ζῇς βίον ταλαιπώρου,
ἐν πυθμέσιν γῆς κρίμνα λεπτὰ βιβρώσκων·
ἐμοὶ δ' ὑπάρχει πολλὰ καὶ περισσεύει·
τὸ κέρας κατοικῶ πρὸς σὲ[1] τῆς Ἀμαλθείης.
Εἴ μοι συνέλθοις, ὡς θέλεις, ἀσωτεύσῃ,
παρεὶς ὀρύσσειν ἀσφάλαξι[2] τὴν χώρην. »
Ἀπῆγε τὸν μῦν τὸν γεηπόνον, πείσας
εἰς οἶκον ἐλθεῖν ὑπό τε τοῖχον ἀνθρώπου.
Ἔδειξε δ' αὐτῷ, ποῦ μὲν ἀλφίτων πλήθη,
ποῦ δ' ὀσπρίων ἦν σωρός, ἢ πίθοι σύκων,
στάμνοι τε μέλιτος, σωρακοί τε φοινίκων.

mier, récita ses fables aux enfants des Grecs, et Cibyssès aux Libyens. Maintenant voici venir ma muse nouvelle avec le mythiambe, qu'elle gouverne de son frein d'or, comme un cheval chargé d'armes pesantes. A peine la porte fut-elle ouverte par moi, que d'autres entrèrent; leur muse plus savante enfanta des poëmes qui ressemblaient fort à des énigmes; c'est dans mes fables qu'ils avaient puisé toute leur science. Pour moi, j'écris mes contes dans un langage simple et clair, et je ne donne rien de mordant à mes ïambes; mais tantôt je les anime de quelque chaleur, tantôt j'adoucis leurs traits. Tels sont les vers que je te présente aujourd'hui dans ce second volume.

---

107. LE RAT DE VILLE ET LE RAT DES CHAMPS.

Deux rats, l'un campagnard, l'autre qui vivait dans de riches greniers, avaient fait société et se traitaient tour à tour. Le citadin alla le premier dîner à la campagne, qui alors se couvrait de jaunes épis; il n'eut à ronger que quelques maigres racines toutes couvertes d'une terre noire et humide : « Tu vis comme une misérable fourmi, dit-il à son compagnon; dans ton trou, tu n'as que quelques méchants brins pour nourriture; mais moi, j'ai tout en abondance et à profusion. Comparé à toi, je vis dans la corne d'Amalthée. Si tu veux venir avec moi, tu feras bonne chère, tu en auras ton soûl; laisse les taupes fouiller la terre. » Il emmena notre campagnard, et lui persuada de venir habiter avec lui le toit de l'homme. Puis il lui montra des sacs de blé, des tas de légumes, des tonnes de figues, des cruches de miel, des monceaux de dattes. L'autre, tout aise, se sentait de l'appétit; il était en train de tirer un fromage d'un petit panier, quand quelqu'un ouvrit

Ὁ δ' ὡς ἐτέρφθη πᾶσι, καὶ παρωρμήθη,
καὶ τυρὸν ἦγεν ἐκ κανισκίου σύρων,
ἀνέῳξε τὴν θύρην τις· ὁ δ' ἀποπηδήσας,
στεινῆς ἔφευγε δειλὸς εἰς μυχὸν τρώγλης,
ἄσημα τρίζων, τόν τε πρόξενον[3] θλίβων.
Μικρὸν δ' ἐπισχών, εἶτ' ἔσωθεν ἐκκύψας,
ψαύειν ἔμελλεν ἰσχάδος Καμειραίης[4]·
ἕτερος δ' ἐπῆλθεν ἄλλο τι προαιρήσων·
οἱ δ' ἔνδον ἐκρύβοντο[5]. Μῦς δ' ἀρουρίτης,
« Τοιαῦτα δειπνῶν, » εἶπε, « χαῖρε καὶ πλούτει,
καὶ τοῖς περισσοῖς αὐτὸς ἐντρύφα δείπνοις,
ἔχων τὰ πολλὰ ταῦτα μεστὰ κινδύνων·
ἐγὼ δὲ λιτῆς οὐκ ἀφέξομαι βώλου,
ὑφ' ἣν τὰ κρίμνα μὴ φοβούμενος τρώγω. »

ΡΗ'. ΚΑΡΚΙΝΟΣ ΚΑΙ ΜΗΤΗΡ.

Μὴ λοξὰ βαίνειν ἔλεγε καρκίνῳ μήτηρ,
ὑγρῇ τε πέτρῃ πλάγια[1] κῶλα μὴ σύρειν.
Ὁ δ' εἶπε· « Μῆτερ, ἡ διδάσκαλος, πρώτη
ὀρθὴν[2] ἄπελθε, καὶ βλέπων σε ποιήσω. »

ΡΘ'. ΚΥΩΝ ΚΑΙ ΔΕΣΠΟΤΗΣ.

Μέλλων ὁδεύειν τῆς κυνός τις ἑστώσης,
εἶπεν· « Τί χάσκεις; πάνθ' ἕτοιμά σοι ποίει·
μετ' ἐμοῦ γὰρ ἥξεις. » Ἡ δὲ κέρκον οὐραίην[1]
ἄρασά φησι· « Πάντ' ἔχω· σὺ δὲ τρίβεις. »

ΡΙ'. ΟΝΟΣ ΑΛΑΣ ΦΕΡΩΝ.

Μικρέμπορός τις ὄνον ἔχων ἐβουλήθη,
τοὺς ἅλας ἀκούων παρὰ θάλασσαν εὐώνους,

la porte : il se sauva au plus vite, et s'alla blottir de peur tout au fond d'un trou étroit, poussant de petits cris étouffés, et se serrant contre son hôte. Bientôt il mit le nez dehors, et entamait une figue de Camire ; une autre personne vint pour chercher quelque autre chose au magasin, et rats de se cacher. Alors le campagnard : « Garde pour toi tes mets et ta richesse, ces festins abondants dont tu fais tes délices, cette opulence pleine de dangers. Pour moi, je ne quitterai pas ma petite motte de terre, à l'abri de laquelle je mange tranquillement mes grains d'orge. »

108. L'ÉCREVISSE ET SA MÈRE.

« Ne peux-tu marcher droit, disait une mère écrevisse à sa fille, sans te traîner ainsi de travers sur cette roche humide ? » L'autre lui dit : « Mère, toi qui conseilles si bien, commence par marcher droit toi-même : je ferai ce que je te verrai faire. »

109. LE CHIEN ET SON MAITRE.

Un homme qui allait se mettre en voyage dit à son chien, qui était à ses pieds : « Qu'as-tu à bâiller ? prépare-toi, tu vas venir avec moi. » Le chien répondit en levant la queue : « Je suis tout prêt ; c'est toi qui es en retard. »

110. L'ANE CHARGÉ DE SEL.

Un petit marchand avait entendu dire que près de la mer le sel était à vil prix ; il résolut d'en acheter. Il en chargea fortement son âne,

τούτους πρίασθαι· φορτίσας τε γενναίως
τὸν ὄνον κατῆγε. Τῆς δ' ὁδοῦ προκοπτούσης[1],
ὤλισθεν ἄκων εἴς τι ῥεῖθρον ἐξαίφνης,
καὶ συντακέντων τῶν ἁλῶν ἐλαφρύνθη·
ῥᾷων δ' ἀνέστη καὶ παρῆν ἀμοχθήτως
εἰς τὴν μεσόγεων. Τοὺς ἅλας δὲ πωλήσας,
πάλιν γομώσων τὸν ὄνον ἦγε, καὶ πλείω
ἔτ' ἐπετίθει τὸν φόρτον. Ὡς δὲ μοχθήσας
διέβαινε τὸν ῥοῦν, οὗπερ ἦν πεσὼν πρώην,
ἑκὼν κατέπεσε· καὶ πάλιν ὅλους τήξας,
γαύρως ἀνέστη κοῦφος ὥς τι κερδήσας.
Ὁ δ' ἔμπορος τέχνην ἐπινοεῖ, καὶ πλείους
σπόγγους κατῆγεν ὕστερον πολυτρήτους
ἐκ τῆς θαλάσσης, τούς θ' ἅλας μεμισήκει.
Ὁ δ' ὄνος πανούργως, ὡς προσῆλθε τῷ ῥείθρῳ,
ἑκὼν κατέπεσεν· ἀθρόως δὲ τῶν σπόγγων
διαβραχέντων, πᾶς ὁ φόρτος ὠγκώθη,
βάρος δὲ διπλοῦν ἦλθε βαστάσας νώτοις.
Πολλάκις ἐν οἷς τις ηὐτύχησε καὶ[2] πταίει.

ΡΙΑ'. ΜΥΣ ΚΑΙ ΤΑΥΡΟΣ.

Μῦς ταῦρον ἔδακεν. Ὁ δ' ἐδίωκεν ἀλγήσας
τὸν μῦν· φθάσαντος δ' εἰς μυχὸν φυγεῖν τρώγλης,
ὤρυσσεν ἑστὼς τοῖς κέρασι τοὺς τοίχους,
ἕως κοπωθεὶς ὀκλάσας ἐκοιμήθη
παρὰ τὴν ὀπὴν ὁ ταῦρος. Ἔνθεν ἐκκύψας
ὁ μῦς ἐφέρπει, καὶ πάλιν δακὼν φεύγει.
Ὁ δ' ἐξαναστὰς οὐκ ἔχων ὃ ποιήσει,
διηπορεῖτο· τῷ δ' ὁ μῦς ἐπιτρύζας·
« Οὐχ ὁ μέγας αἰεὶ δυνατός· ἔσθ' ὅπου μᾶλλον
τὸ μικρὸν εἶναι καὶ ταπεινὸν ἰσχύει. »

---

et le ramena. Ils étaient près d'arriver, quand tout à coup la bête tomba dans une rivière; le sel se fondit, et l'âne soulagé d'autant se releva sans peine et regagna aisément le bord. Le sel vendu, le marchand emmena encore son âne et lui donna une plus forte charge. Celui-ci, pliant sous le faix, traversait le courant où il était tombé, et s'y laissa choir à dessein; le sel fondit encore, puis l'âne se remit sur ses pieds tout fier et tout léger, croyant avoir beaucoup gagné à cette malice. L'homme vit la ruse, et, dégoûté du sel, retourna au rivage et en rapporta une grande quantité d'éponges. L'âne, lorsqu'il fut revenu à la rivière, s'y jeta de plus belle; mais aussitôt les éponges s'emplirent d'eau, toute la charge gonfla, et l'âne se remit en route avec un double fardeau sur ses épaules.

Souvent ce qui faisait notre fortune fait notre malheur.

---

111. LA SOURIS ET LE TAUREAU.

Une souris mordit un taureau. Celui-ci, rendu furieux par la douleur, la poursuivit. La souris courait plus vite et se réfugia dans le fond d'un trou; le taureau s'arrêta auprès, et se mit à battre le mur de ses cornes, tant qu'épuisé de fatigue il plia les genoux et s'endormit près du trou. Alors la souris sortit de sa cachette, s'approcha de lui, le mordit encore et s'enfuit. Le taureau se releva, bien empêché et ne sachant que faire. La souris lui dit en son langage : « Le plus grand n'est pas toujours le plus fort; l'avantage reste quelquefois au plus humble et au plus petit. »

ΡΙΒʹ. ΠΟΙΜΗΝ ΚΑΙ ΚΥΩΝ.

Μάνδρης ἔσω τις πρόβατα συλλέγων δείλης,
κνηκὸν μετ' αὐτῶν λύκον ἔμελλε συγκλείειν.
Ὁ κύων δ' ἰδών, πρὸς αὐτὸν εἶπε· « Πῶς σπεύδεις
τὰ πρόβατα σῶσαι, τοῦτον εἰσάγων ἡμῖν; »

ΡΙΓʹ. ΛΥΧΝΟΣ.

Μεθύων ἐλαίῳ λύχνος ἑσπέρης ηὔχει
πρὸς τοὺς παρόντας ὡς Ἑωσφόρου κρείσσων
λάμπειν ἅπασιν ἐκπρεπέστατον φέγγος.
Ἀνέμου δὲ συρίσαντος εὐθὺς ἐσβέσθη,
πνοῇ ῥαπισθείς. Ἐκ δὲ δευτέρης ἅπτων
εἶπέν τις αὐτῷ· « Βαιὸν ἦν λύχνου πνεῦμα·
τῶν δ' ἀστέρων τὸ φέγγος οὐκ ἀποθνήσκει. »

ΡΙΔʹ. ΧΕΛΩΝΗ ΚΑΙ ΑΕΤΟΣ.

Νωθὴς χελώνη λιμνάσιν ποτ' αἰθυίαις
λάροις τε καὶ κήϋξιν εἶπεν ἀγρώσταις[1]·
« Κἀμὲ πτερωτὴν εἴθε τις πεποιήκοι. »
Τῇ δ' ἐκ τύχης ἔλεξεν αἰετὸς ταῦτα·
« Πόσον, χέλυμνα[2], μισθὸν αἰετῷ δώσεις,
ὅστις σ' ἐλαφρὴν καὶ μετάρσιον θήσω; »
« Τὰ τῆς Ἐρυθρῆς πάντα δῶρά σοι δώσω. »
« Τοιγὰρ διδάξω, » φησίν. Ὑπτίην[3] δ' ἄρας
ἔκρυψε νέφεσιν, ἔνθεν εἰς ὄρος ῥίψας,
ἤραξεν αὐτῆς οὖλον[4] ὄστρακον νώτων.
Ἡ δ' εἶπεν ἐκψύχουσα· « Σὺν δίκῃ θνήσκω·
τί γὰρ νεφῶν μοι; καὶ τίς ἡ πτερῶν χρείη
τῇ καὶ χαμᾶζε δυσκόλως προβαινούσῃ; »

---

112. LE BERGER ET LE CHIEN.

Un berger faisant rentrer le soir ses brebis, allait enfermer avec elles un loup au poil fauve. Son chien lui dit : « A quoi bon prendre tant de peine pour mettre en sûreté tes brebis, si tu nous amènes celui-ci ? »

113. LA LAMPE.

Une lampe remplie d'huile se vantait un soir auprès de ceux qui se trouvaient là, que sa vive lumière l'emportait sur celle de Lucifer. Mais le vent siffle et de son souffle l'éteint aussitôt. Quelqu'un la ralluma et lui dit : « La lueur de la lampe est faible et sans durée, mais l'éclat des astres est impérissable. »

114. LA TORTUE ET L'AIGLE.

La tortue paresseuse disait un jour aux plongeurs du marais, aux mouettes et aux céyx chasseurs : « Que ne m'a-t-on donné aussi des ailes ? » Un aigle qui se trouvait là lui dit : « Quelle récompense donneras-tu à l'aigle qui te rendra légère et t'enlèvera dans les airs ? — Je te donnerai toutes les richesses de la mer Rouge. — Eh bien ! je vais t'apprendre à voler. » La saisissant alors par derrière, il l'enleva et alla se cacher avec elle dans les nues, puis de là il la laissa tomber sur un rocher où se brisa son écaille. La tortue dit en expirant : « J'ai mérité ma mort. Qu'avais-je affaire des nuages ? pourquoi voulais-je des ailes, moi qui me traînais à peine sur la terre ? »

ΡΙΕ΄. ΑΝΘΡΩΠΟΣ ΚΑΙ ΕΡΜΗΣ.

Νεώς ποτ' αὐτοῖς ἀνδράσιν[1] βυθισθείσης,
ἰδών τις ἔλεγεν ἄδικα τοὺς θεοὺς κρίνειν·
ἑνὸς[2] γὰρ ἀσεβοῦς ἐμβεβηκότος πλοίῳ,
πολλοὺς σὺν αὐτῷ μηδὲν αἰτίους θνήσκειν.
Καὶ ταῦθ' ὁμοῦ[3] λέγοντος, οἷα συμβαίνει,
πολλῶν ἐπ' αὐτὸν ἐσμὸς ἦλθε μυρμήκων,
σπεύδοντες ἄχνας πυρίνας ἀποτρώγειν.
Ὑφ' ἑνὸς δὲ δηχθεὶς συνεπάτησε τοὺς πλείους.
Ἑρμῆς δ' ἐπιστάς, τῷ τε ῥαβδίῳ παίων[4],
« Εἶτ' οὐκ ἀνέξῃ, » φησί, « τοὺς θεοὺς εἶναι
ὑμῶν δικαστάς, οἷος εἶ σὺ μυρμήκων ; »

ΡΙϚ΄. ΧΕΛΙΔΩΝ ΔΙΚΑΣΤΑΙΣ ΣΥΝΟΙΚΟΥΣΑ.

Ξουθή[1] χελιδών, ἡ πάροικος ἀνθρώπων,
ἦρος καλιὴν ηὐθέτιζεν ἐν τοίχῳ,
ὅπου γερόντων οἶκος ἦν δικαστήρων·
κἀκεῖ νεοσσῶν ἑπτὰ γίνεται μήτηρ
οὔπω πτερίσκοις πορφυροῖς ἐπανθούντων.
Ὄφις δὲ τούτους, ἑρπύσας ἀπὸ τρώγλης,
ἅπαντας ἑξῆς ἔφαγεν. Ἡ δὲ δειλαίη
παίδων ἀώρων συμφορὰς ἀπεθρήνει,
« Οἴμοι, » λέγουσα, « τῆς ἐμῆς ἐγὼ μοίρης·
ὅπου νόμοι γὰρ καὶ θέμιστες ἀνθρώπων,
ἔνθεν χελιδὼν ἠδικημένη φεύγει. »

ΡΙΖ΄. ΑΓΑΛΜΑ ΕΡΜΟΥ.

Ξύλινόν τις Ἑρμῆν εἶχεν· ἦν δὲ τεχνίτης[1]·
σπένδων δὲ τούτῳ καὶ καθ' ἡμέρην θύων,
ἔπρασσε φαύλως. Τῷ θεῷ δ' ἐθυμώθη·
χαμαὶ δ' ἀπεκρότησε τοῦ σκέλους ἄρας.

115. L'HOMME ET MERCURE.

Un vaisseau s'abîma avec tout son équipage; un homme qui le vit accusa l'injustice des dieux : pour un impie qui s'était embarqué, bien des innocents avaient péri. Comme il disait cela, il arriva qu'une troupe de fourmis passa près de lui; elles se pressaient d'aller ronger des pailles de blé. Une d'elles le mordit, et aussitôt il écrasa tout ce qu'il put. Mercure, se présentant à lui, le frappa de sa baguette et lui dit : « Et tu ne veux pas que les dieux vous jugent comme tu juges toi-même les fourmis? »

---

116. L'HIRONDELLE DANS LA MAISON DES JUGES.

Une rapide hirondelle, cette voisine de l'homme, vint au printemps établir son nid sous le toit qu'habitaient de vieux juges. Elle y devint mère de sept petits. Leurs ailes se couvraient à peine d'un duvet doré; un serpent se glissa dans le nid et les dévora l'un après l'autre. La malheureuse mère, pleurant la mort prématurée de ses enfants, disait : « Hélas! quelle destinée est la mienne! c'est de la maison même de la justice et des lois que l'hirondelle est contrainte de fuir, victime de l'injustice! »

---

117. LA STATUE DE MERCURE.

Un artisan gardait chez lui un Mercure de bois. Ce n'étaient chaque jour que libations et sacrifices, sans que les affaires de notre homme en fussent moins mauvaises pour cela. Enfin il se fâcha contre le dieu, le

Χρυσὸς δὲ κεφαλῆς ἐῤῥύη καταγείσης,
ὃν συλλέγων ἄνθρωπος εἶπεν· « Ἑρμείη,
σκαιός τις εἶ σύ, καὶ φίλοισιν ἀγνώμων,
ὃς προσκυνοῦντας οὐδὲν ὠφέλεις ἡμᾶς,
ἀγαθοῖς δὲ πολλοῖς ὑβρίσαντας ἠμείψω.
Τὴν εἰς σὲ καινὴν εὐσέβειαν οὐκ ᾔδειν. »
Καὶ τοὺς θεοὺς Αἴσωπος ἐμπλέκει μύθοις,
βουλόμενος ἡμᾶς νουθετεῖν πρὸς ἀλλήλους·
Πλέον οὐδὲν ἕξεις σκαιὸν ἄνδρα τιμήσας,
ἀτιμάσας δ' ἂν αὐτὸν ὠφεληθείης.

ΡΙΗ'. ΒΑΤΡΑΧΟΣ ΙΑΤΡΟΣ.

Ὁ τελμάτων ἔνοικος, ὁ σκιῇ χαίρων,
ὁ ζῶν ὀρυκτοῖς βάτραχος παρ' εὐρίποις [1],
εἰς γῆν παρελθών, ἔλεγε πᾶσι τοῖς ζῴοις,
ἰατρὸς εἶναι φαρμάκων ἐπιστήμων
οἵων τάχ' οὐδεὶς οἶδεν, οὐδ' ὁ Παιήων [2],
ὃς Ὄλυμπον οἰκεῖ καὶ θεοὺς ἰατρεύει.
« Καὶ πῶς, » ἀλώπηξ εἶπεν, « ἄλλον ἰήσῃ,
ὃς σαυτὸν οὕτω χωλὸν ὄντα μὴ σῴζεις; »

ΡΙΘ'. ΟΡΝΙΣ ΚΑΙ ΑΙΛΟΥΡΟΣ.

Ὄρνις ποτ' ἠσθένησε. Τῇ δὲ προσκύψας
αἴλουρος εἶπε· « Πῶς ἔχεις; τίνων χρῄζεις;
Ἐγὼ παρέξω πάντα σοι· μόνον σῴζου. »
Ἡ δ', « Ἂν ἀπέλθῃς, » εἶπεν, « οὐκ ἀποθνήσκω. »

ΡΚ'. ΟΝΟΣ ΚΑΙ ΛΥΚΟΣ.

Ὄνος, πατήσας σκόλοπα, χωλὸς εἱστήκει·
λύκον δ' ἰδὼν παρόντα καὶ σαφῆ δείσας

souleva par la jambe, et le jeta violemment à terre. La tête en pièces, il en roula de l'or; l'homme le ramassa et dit : « Tu es un singulier dieu, Mercure, et bien ingrat envers tes amis; tu ne nous as pas fait de bien quand nous t'adorions, et maintenant que nous t'outrageons, tu nous combles de tes faveurs. C'est un culte tout nouveau que je ne connaissais pas. »

Ésope fait intervenir les dieux dans ses fables pour nous donner à tous ce conseil : « Vous ne tirerez rien d'un homme grossier par des hommages; en le maltraitant, vous pourrez tout obtenir. »

---

118. LA GRENOUILLE MÉDECIN.

L'habitante des bourbiers, celle qui se plaît à l'ombre et qui vit auprès des fossés, la grenouille, s'avisa de monter sur la terre et de dire à tous les animaux qu'elle était médecin, et qu'elle savait des remèdes inconnus à tout le monde, même à Péon qui habite l'Olympe et qui est le médecin des dieux. « Comment, lui dit le renard, pourrais-tu guérir personne, toi qui es si boiteuse, et qui ne sais pas même te guérir ? »

---

119. LA POULE ET LE CHAT.

Une poule était malade. Un chat s'approcha d'elle et lui dit : « Comment cela va-t-il ? de quoi as-tu besoin ? Je te donnerai tout ce qu'il te faudra; ne songe qu'à te rétablir. — Si tu veux t'en aller, répondit-elle, je ne mourrai pas. »

---

120. L'ANE ET LE LOUP.

Un âne marcha sur un éclat de bois, et s'arrêta tout boiteux. Voyant un loup tout près de lui, et craignant une mort certaine, il

ὄλεθρον, οὕτως εἶπεν· « Ὦ λύκε, θνήσκω·
μέλλων δ' ἀποπνεῖν σοί γε συμβαλὼν χαίρω.
Σὺ μᾶλλον ἢ γὺψ ἢ κόραξ με δειπνήσεις.
Χάριν δέ μοι δὸς ἀβλαβῆ τε καὶ κούφην,
ἐκ τοῦ ποδός μου τὴν ἄκανθαν εἰρύσσας,
ὥς μου κατέλθῃ πνεῦμ' ἀναλγὲς εἰς ᾅδου. »
Κἀκεῖνος εἰπών, « Χάριτος οὐ φθονῶ ταύτης, »
ὀδοῦσιν ἄκροις σκόλοπα θερμὸν ἐξῄρει.
Ὁ δ' ἐκλυθεὶς πόνων τε καὶ δύης πάσης,
τὸν κνηκίαν χάσκοντα λακτίσας φεύγει,
ῥῖνας, μέτωπα, γομφίους τ' ἀλοιήσας.
« Οἴμοι, » λύκος, « τάδ', » εἶπε, « σὺν δίκῃ πάσχω.
Τί γὰρ ἄρτι χωλοὺς ἠρξάμην ἰατρεύειν,
μαθὼν ἀπ' ἀρχῆς οὐδὲν ἢ μαγειρεύειν; »

ΡΚΑ'. ΟΡΝΙΣ ΧΡΥΣΟΤΟΚΟΣ.

Ὄρνιθος ἀγαθῆς χρυσέ' ᾠὰ τικτούσης,
ὁ δεσπότης θησαυρὸν ᾠεθ' εὑρήσειν
ἐν τῇσδε πλεῖστον ἐγκάτοις ἀγερθέντα·
κἄκτεινε ταύτην, ἀθρόον λαβεῖν μέλλων.
Εὑρὼν δ' ὅμοια τἄνδον ὀρνέοις ἄλλοις,
ᾤμωζε πολλόν, ἐλπίδων ἀτευκτήσας·
πλείονος ἔρως γὰρ ἐστέρησε τῶν ὄντων.

lui dit : « O loup, je meurs, je vais expirer, mais je me félicite de t'avoir rencontré. J'aime mieux être mangé par toi que par un vautour ou par un corbeau. Rends-moi seulement un léger service et qui te coûtera peu; tire-moi cette épine du pied, afin que mon âme descende sans souffrir aux enfers. — Je ne veux pas te refuser, » répondit l'autre. Et du bout de ses dents il retira l'épine toute sanglante. L'âne soulagé et délivré de sa douleur, lâche une ruade au loup qui se tenait gueule béante, et s'enfuit après lui avoir fracassé le front, le nez et les mâchoires. « Hélas! dit le loup, c'est bien fait. Pourquoi m'avisais-je de vouloir guérir les boiteux, moi qui n'ai jamais su que le métier de boucher? »

---

121. LA POULE AUX OEUFS D'OR.

Une poule merveilleuse pondait des œufs d'or. Le maître, croyant qu'elle avait dans son corps un riche trésor, la tua pour prendre tout à la fois. Il la trouva semblable aux autres poules, et gémit alors, voyant ses espérances trompées. Pour avoir voulu être plus riche, il perdit ce qu'il avait.

ΜΥΘΟΙ ΑΛΛΟΘΕΝ ΣΥΛΛΕΧΘΕΝΤΕΣ.

ΡΚΒʹ. ΟΡΝΙΘΟΘΗΡΑΣ, ΠΕΡΔΙΞ, ΚΑΙ ΑΛΕΚΤΟΡΙΣΚΟΣ.

Ὀρνιθοθήρᾳ φίλος ἐπῆλθεν ἐξαίφνης,
μέλλοντι θύμβραν καὶ σέλινα δειπνήσειν.
Ὁ δὲ κλωβὸς εἶχεν οὐδέν· οὐ γὰρ ἠγρεύκει.
Ὥρμησε δὴ πέρδικα ποικίλον θύσων,
ὃν ἡμερώσας εἶχεν εἰς τὸ θηρεύειν.
Ὁ δ' αὐτὸν οὕτως ἱκέτευε μὴ κτεῖναι·
« Τὸ λοιπόν, » εἶπε, « δικτύῳ τί ποιήσεις,
ὅταν κυνηγῇς; τίς δέ σοι συναθροίσει
εὐωπὸν ἀγέλην ὀρνέων φιλαλλήλων;
τίνος μελῳδοῦ πρὸς τὸν ἦχον ὑπνώσεις; »
Ἀφῆκε τὸν πέρδικα, καὶ γενειήτην
ἀλεκτορίσκον συλλαβεῖν ἐβουλήθη.
Ὁ δ' ἐκ πεταύρου κλαγγὸν εἶπε φωνήσας·
« Πόθεν μαθήσῃ πόσσον εἰς ἕω λείπει,
τὸν ὡρόμαντιν ἀπολέσας με; πῶς γνώσῃ
πότ' ἐννυχεύει χρυσότοξος Ὠρίων;
ἔργων δὲ τίς σε πρωϊνῶν ἀναμνήσει,
ὅτε δροσώδης ταρσός ἐστιν ὀρνίθων; »
Κἀκεῖνος εἶπεν· « Οἶδα χρησίμους ὥρας·
ὅμως δὲ δεῖ σχεῖν τὸν φίλον τί δειπνήσει. »

ΡΚΓʹ. ΟΝΟΣ ΠΑΙΖΩΝ.

Ὄνος τις ἀναβὰς εἰς τὸ δῶμα καὶ παίζων,
τὸν κέραμον ἔθλα. Καί τις αὐτὸν ἀνθρώπων
ἐπιδραμὼν κατῆγε, τῷ ξύλῳ παίων.
Ὁ δ' ὄνος πρὸς αὐτόν, ὃς τὸ νῶτον ἠλέγχει,
« Καὶ μὴν πίθηκος ἐχθές, » εἶπε, « καὶ πρῴην
ἔτερπεν ὑμᾶς αὐτὸ τοῦτο ποιήσας. »

APPENDICE.

122. L'OISELEUR, LA PERDRIX ET LE JEUNE COQ.

Un oiseleur reçut sans s'y attendre la visite d'un de ses amis, comme il allait souper d'ache et de sarriette. Rien dans sa cage, car il n'avait pas chassé. Il alla pour tuer une belle perdrix qu'il avait apprivoisée, et qui l'aidait à prendre les oiseaux. Celle-ci se mit à le supplier : « Que te servira désormais ton filet, disait-elle, quand tu iras à la chasse ? Qui rassemblera sous tes yeux ces bandes d'oiseaux à l'œil perçant ? Qui t'endormira par ses chants mélodieux ? » L'oiseleur lâcha la perdrix, et voulut mettre la main sur un jeune coq. Du haut de son juchoir, le coq lui dit de sa voix criarde : « Qui t'apprendra combien de temps te reste jusqu'à l'aurore, quand tu m'auras tué, moi qui t'annonce les heures ? Comment sauras-tu, la nuit, où est Orion à l'arc d'or ? Qui te rappellera les travaux que tu dois faire avant le jour, quand la rosée vient mouiller l'aile des oiseaux ? » L'homme répliqua : « Je connais les temps utiles ; mais il faut bien que mon ami ait de quoi dîner. »

123. L'ANE BADIN.

Un âne monta sur la terrasse d'une maison, et là, en prenant ses ébats, il cassait les tuiles. Un homme courut aussitôt sur lui, et le chassa à coups de bâton. « Pourtant, dit l'âne à celui qui le frappait, le singe en a maintes fois fait autant, et vous ne faisiez qu'en rire. »

ΡΚΔ'. ΜΗΝΑΓΥΡΤΑΙ.

Γάλλοις ἀγύρταις εἰς τὸ κοινὸν ἐπράθη
ὄνος τις οὐκ εὔμοιρος, ἀλλὰ δυσδαίμων,
ὅστις φέροι πτωχοῖσι καὶ πανουργοῖσιν
πείνης ἄκος δίψης τε, καὶ τὰ τῆς τέχνης.
Οὗτοι δὲ κύκλῳ πᾶσαν ἐξ ἔθους κώμην
περιόντες ἐλέγοντ' ὄψα· τίς γὰρ ἀγροίκων
οὐκ οἶδεν Ἄττιν λευκόν, ὡς ἐπηρώθη;
τίς οὐκ ἀπαρχὰς ὀσπρίων τε καὶ σίτων
ἁγνῷ φέρων δίδωσι τυμπάνῳ Ῥείης;.....

ΡΚΕ'. ΟΔΟΙΠΟΡΟΣ ΚΑΙ ΑΛΗΘΕΙΑ.

Ὁδοιπορῶν ἄνθρωπος εἰς ἐρημαίην,
ἑστῶσαν εὗρε τὴν Ἀληθίην μούνην.
Καί φησιν αὐτῇ· « Διὰ τίν' αἰτίην, κούρη,
τὴν πόλιν ἀφεῖσα τὴν ἐρημίην ναίεις; »
Ἡ δ' εὐθὺ πρὸς τάδ' εἶπεν ἡ βαθυγνώμων·
« Ἐν τῷ πάλαι γὰρ παρ' ὀλίγοισιν ἦν ψεῦδος,
νῦν δ' εἰς ἅπαντας εἰσελήλυθε ψεῦδος.
Εἰ δ' ἔστιν εἰπεῖν, καὶ κλύειν βεβούλησαι,
ὁ νῦν πονηρὸς βίοτός ἐστιν ἀνθρώπων. »

ΡΚϚ'. ΜΥΡΜΗΞ ΚΑΙ ΤΕΤΤΙΞ.

Χειμῶνος ὥρῃ σῖτον ἐκ μυχοῦ σύρων
ἔψυχε μύρμηξ, ὃν θέρους σεσωρεύκει.
Τέττιξ δὲ τοῦτον ἱκέτευε λιμώττων,
δοῦναί τι καὐτῷ τῆς τροφῆς, ὅπως ζήσῃ.
« Τί οὖν ἐποίεις, » φησί, « τῷ θέρει τούτῳ; »
« Οὐκ ἐσχόλαζον, ἀλλὰ διετέλουν ᾄδων. »
Γελάσας δ' ὁ μύρμηξ, τόν τε πυρὸν ἐγκλείων,
« Χειμῶνος ὀρχοῦ, » φησίν, « εἰ θέρους ᾖσας. »

124. LES PRÊTRES-MENDIANTS.

Des prêtres de Cybèle avaient acheté en commun un malheureux âne, pour porter le boire, le manger et tout l'attirail de leur industrieuse et misérable bande. Ils faisaient, selon leur habitude, le tour d'un village, et récoltaient des provisions. Est-il en effet un seul paysan qui ignore comment le blanc Attis a été mutilé ? en est-il un seul qui ne vienne déposer dans le tambour sacré de Rhéa une offrande de légumes et des vivres de toute sorte ?...

125. LE VOYAGEUR ET LA VÉRITÉ.

Un voyageur qui traversait un désert rencontra la Vérité ; elle était debout et solitaire. « Pourquoi, jeune vierge, lui dit-il, pourquoi as-tu quitté la ville et habites-tu le désert ? » La sage déesse lui répondit aussitôt : « Autrefois le mensonge habitait chez bien peu d'hommes, maintenant il est entré chez tous. Les hommes, si je puis le dire et si tu veux l'entendre, ont aujourd'hui des mœurs bien dépravées. »

126. LA FOURMI ET LA CIGALE.

Pendant l'hiver, une fourmi tirait de sa cachette, pour le rafraîchir, le grain qu'elle avait amassé en été. Une cigale, qui se mourait de faim, la suppliait de lui donner un peu de ses provisions, afin qu'elle pût vivre. « Que faisais-tu donc cet été, lui demanda l'autre ? — Je n'étais point paresseuse, je l'ai passé tout entier à chanter. » La fourmi se mit à rire et rentra son grain : « Tu chantais en été, lui dit-elle : eh bien ! danse en hiver. »

DE L'IMPRIMERIE DE CRAPELET, RUE DE VAUGIRARD, 9.

www.ingramcontent.com/pod-product-compliance
Ingram Content Group UK Ltd.
Pitfield, Milton Keynes, MK11 3LW, UK
UKHW031915260826
14628UKWH00003B/1218

9 782329 487199